New INHA KOREAN 6

인하대학교 언어교육원
Inha University
Language Training Center

6

새인하한국어

최권진, 남은영, 오솔샘, 정경화 지음

인하대학교 출판부
INHA UNIVERSITY PRESS

지은이

최권진

인하대학교 언어교육원 주임강사

소피아대학교 언어학 박사

남은영

인하대학교 언어교육원 강사

인하대학교 대학원 문화경영 전공 박사 수료

오솔샘

인하대학교 언어교육원 강사

이화여자대학교 국제대학원 한국학과 한국어교육 전공 석사

정경화

인하대학교 언어교육원 강사

영남대학교 대학원 한국어교육 전공 석사

도움을 주신 분

지원 : 인하대학교 총장 박춘배, 인하대학교 언어교육원장 김태승

행정 : 인하대학교 출판부, 인하대학교 언어교육원 행정실

사진 · 삽화 : 언어교육원 교사와 가족, 한별 김종서, 이동훈, Geeth, Rositsa

녹음 : 언어교육원 교사, 김민희, 이병선, 최창모

국립중앙도서관 출판예정도서목록(CIP)

새인하한국어 = New Inha Korean. 6 / 최권진, 남은영, 오솔샘, 정경화 지음.
-- 인천 : 인하대학교 출판부, 2014
p. ; cm

색인수록
ISBN 978-89-7407-966-6 14700 : ₩27000
ISBN 978-89-7407-961-1 (세트) 14700

한국어 학습[韓國語學習]
한국어 교재[韓國語敎材]

717.6-KDC5
495.78-DDC21 CIP2014028567

일러두기

새인하한국어6은 한국어를 배우는 외국인 학습자를 위한 교재로 총 8과로 이루어져 있으며 각 과는 '들어가기, 어휘 학습, 듣고 말하기1과2, 문법 및 표현, 읽고 말하기, 쓰기, 통합 활동, 문화 산책'으로 구성되어 있다.

들어가기는 일상생활에서 쓰이는 실제적인 주제를 간단한 그림과 사진으로 보여줌으로써 학생들이 과에 흥미를 가질 수 있도록 하였다.

어휘 학습은 그 과에서 알아야 할 어휘로 주제와 관련된 어휘, 표현, 관용표현, 한자성어, 속담 등으로 구분하여 어휘를 활용할 수 있게 예문과 문제를 제시하였다.

듣고 말하기1은 일상생활에서 나타나는 간단한 지문으로 배운 어휘와 표현을 듣고 이해할 수 있도록 구성하였다.

듣고 말하기2는 강의, 사연, 대담 등의 다양한 듣기 상황을 제시하였으며 듣기문제는 학습자가 대화를 듣고 이해했는지 확인하는 것에 중점을 두었다.

문법 및 표현은 듣고 말하기1과 2, 그리고 읽고 말하기의 지문과 본문에 새로 등장하는 경우 짧은 설명과 예문을 통해서 학습자가 문법을 활용할 수 있도록 하였다.

읽고 말하기는 건의문, 소설, 수필 등의 다양한 형식의 읽을거리를 제시해서 읽기 연습과 독해 연습을 하도록 하였다.

쓰고 말하기는 각 과의 주제를 가지고 듣고 말하기2나 읽고 말하기에서 제시된 다양한 형식의 글을 써 볼 수 있도록 제시하였다.

통합 활동에서는 각 과에서 배운 어휘와 표현을 사용할 수 있도록 다양한 상황을 제시하였다. 단순한 문형 연습이 아니라 실제 의사소통 상황에서 스스로 대처할 수 있게 하는 것을 목적으로 한다.

문화 산책은 각 과의 주제에서 심화된 내용을 바탕으로 한국 문화에 대한 이해를 돕기 위해 사진과 함께 문화적 설명을 넣었다.

색인에서는 각 과에서 새로 배운 표현과 어휘를 학습자들이 찾기 쉽도록 가나다순으로 정리했다. 그리고 듣기 지문을 첨부하여 학생들이 참고할 수 있도록 했다.

교재 구성표

6급	단원	주제	기능/활동(과제)	내용
1과	**철학과 삶**	철학	• 논설문 • 공익광고 만들기	• 듣기1 : 공익광고 • 듣기2 : 죽음에 대한 강연 • 읽기1 : 인간이란 무엇인가
2과	**환경과 미래**	환경	• 환경 문제 포스터 발표하기 • 환경 보존과 경제 발전의 우선 순위에 대한 논설문	• 듣기1 : 환경 관련 대화 • 듣기2 : 생태 공원 조성 인터뷰 • 읽기1 : 사막화 현상
3과	**관혼상제**	풍습	• 모국의 상례 조사 발표 • 모의 결혼식(혼인서약서) • 나의 인생 계획	• 듣기1 : 성년의 날 • 듣기2 : 제례 관련 대담 • 읽기1 : 변화하는 결혼 문화
4과	**인천의 명소**	명소	• 관광 관련 설문 조사 • 조사 결과 발표	• 듣기1 : 인천 여행 관련 대화 • 듣기2 : 인천의 명소 인터뷰 • 읽기1 : 강화도 여행 칼럼
5과	**합리적 소비**	경제와 경영	• 사업가 조사 및 경영 전략 PPT발표 • 사업제안서	• 듣기1 : 경영학 입문 강의 • 듣기2 : 회사 회의 • 읽기1 : 99 마케팅
6과	**변화하는 가족**	가족과 사회	• 어린 시절 추억에 관한 수필 • 결혼과 독신에 대한 토론	• 듣기1 : 가사 분담 대화 • 듣기2 : 1인 가족 사연 • 읽기1 : 가족의 추억에 대한 수필
7과	**지식의 길**	교육	• 학습 방법에 대한 좌담회 • 자국의 교육 제도에 대한 비판문	• 듣기1 : 일상대화 • 듣기2 : 교육에 대한 주제 토론 • 읽기1 : 토론 문화에 대한 사설
8과	**한국의 현대사**	역사	• 역사 신문 만들기 • 역사적 인물에 대한 작문	• 듣기1 : 새마을 운동 캠페인 • 듣기2 : 가장 기억에 남는 사건 • 읽기1 : 한국전쟁

어휘	문법 및 표현	문화
철학 관련 어휘	(아무리)V–기로서니, V–던 터에, V–노라면, V–ㄹ/을망정, V–ㄹ/을진대	원효대사 이야기
환경 관련 어휘	V–(으)냐/느냐 V–(으)냐/느냐, AV–ㅁ/음에 따라서, V–ㄴ/은/는 까닭에, DV–기(가) 이를 데(가) 없다 AV–(으)려야 AV–ㄹ/을 수가 없다	한국의 전통 건축
관혼상제 관련 어휘	V–게요?, N을/를 막론하고, V–(으)랴마는, V–ㄴ/은/는 이상, V–ㄹ/을 터이다	한국 상례의 변화
명소 관련 어휘	V–지 않고서는 (V–ㄹ/을 수 없다), V–다 보니(까) 그로 인해, V–ㄴ/는댔자 V–겠거니(하다), V–ㄹ/을지언정	석모도 가는 길
경제 관련 어휘	V–ㄹ/을지니, AV–ㄴ/은 바(가) 있다/없다, V–ㄹ/을 나위가 없다, V–는답시고, N은/는 차치하고	블로그 후기글
가족 관련 어휘	AV–ㄹ/을라치면, V–던 터라, V–ㄴ/은/는 양, V–던 차에, V–기(가) 짝이 없다, AV–고서야, N(으)로 미루어, V–ㄴ/은/는 축에 들다	시대별 인구정책
교육 관련 어휘	V–ㄹ/을 겨를이 없다, V–거늘, N(으)로 하여금, V–ㄹ/을 성싶다, N을/를 비롯하다	학술 논문
역사 관련 어휘	AV–기가 무섭게, N을/를 무릅쓰고, AV–ㄴ/은/는 끝에, V–ㄴ/은/는 마당에	영화로 보는 한국 현대사

차례

제1과 철학과 삶

학습 주제
철학

학습 목표
삶과 관련된 철학을 이해하고 삶의 방향에 대해 논의할 수 있다.

어휘 학습
철학 관련 어휘

듣고 말하기
공익광고
죽음에 대한 강연

읽고 말하기
인간이란 무엇인가?

쓰고 말하기
윤리적 갈등을 주제로 한 논설문

문법 및 표현
(아무리) V-기로서(니), V-던 터에,
V-노라면, V-ㄹ/을망정, V-ㄹ/을진대

통합 활동
공익광고 만들기

문화 산책
원효대사 이야기

1 철학과 삶

들어가기

㉮ 어느 날, 친한 친구가 나한테 고백을 한다. 지난 시험에서 100점을 받았는데, 옆 친구의 답안을 보게 되어서 좋은 점수를 받았다고 고백한다면?

㉯ 나는 어떤 논문의 설문조사를 의뢰 받았다. 설문 조사를 하고 나면 10만원을 준다고 했는데 15만원을 주면서 "맞지요?"라고 물어본다. 당신이라면?

㉰ 사실은 친구가 대신 써 준 리포트인데 교수님께서 칭찬하시며 나보고 발표하라고 한다면?

㉱ 지하철을 기다리고 있는데 어떤 아이가 지하철 선로에 떨어졌다. 그때 나와 같이 있던 아버지가 내려가서 그 아이를 구하려고 한다면?

1. 왜 인간은 사회적 동물이라고 부르는지 함께 생각해 보십시오.

2. 위의 (가)~(라)의 상황 중에서 나라면 어떻게 행동을 할 것인지 이야기해 보십시오.

듣고 말하기1 601

다음은 공익광고입니다. 잘 듣고 질문에 답하십시오.

1. 이 공익광고의 주제는 무엇입니까?

2. 위 광고에서 제시한 상황에 맞지 않은 사람을 고르십시오. (   )

① 학부모가 건네는 돈을 몰래 받는 오 모 씨

② 금품을 제공하여 국회의원에 당선된 정 모 의원

③ 하청업체 직원의 제공으로 호화 여행을 다녀 온 남 모 씨

④ 자동차 부품을 납품하고자 발품을 팔며 홍보하러 돌아다니는 최 모 군

3. 여러분도 살면서 이와 같이 스스로 양심을 속인 적이 있습니까?

- 뒷돈
- 온천
- 접대
- 촌지
- 청탁
- 가슴을 치다
- 건네받다
- 양심

어휘 학습

1. 다음 빈칸에 들어갈 알맞은 단어를 고르십시오.

관철하다	성립하다	초월하다	선도하다	정립하다

1) 명언은 시간과 공간을 ________________ 많은 사람들에게 의미를 부여한다.

2) 역사적 통찰력을 갖춘 그의 소설은 한 시대의 문학 흐름을 ________________.

3) 주변의 시선에 쉽게 흔들리지 않고 끝까지 자신의 신념을 ________________.

4) 전문가들은 거듭된 연구 끝에 드디어 새로운 이론을 ________________.

5) 주민에 의해 아동학대로 신고된 부모의 양육권은 ________________ 어렵다.

2. 다음에 제시된 것과 관련된 말을 찾아서 연결하십시오.

1)	상황을 대하는 태도의 중요성 •	• 가)	**헤밍웨이** : 사람을 강하게 만드는 것은 그가 하는 일이 아니라 하고자 노력하는 것이다.
2)	성숙의 과정에 대한 성찰 •	• 나)	**아리스토텔레스** : 불행은 누가 진정한 친구가 아닌 지를 가려 준다.
3)	행동으로 옮기는 것의 중요성 •	• 다)	**묵자** : 편안한 자리가 없는 것이 아니라 나에게 편안한 마음이 없을 뿐이며, 충분한 재물이 없는 것이 아니라 나에게 만족하는 마음이 없을 뿐이다.
4)	깊은 우정에 대한 깨달음 •	• 라)	**퇴계 이황** : 잘못된 일을 고칠 수만 있다면 오히려 잘못이 없었던 것보다 낫다.
5)	실수나 실패를 통해 얻는 교훈 •	• 마)	**소크라테스** : 옳은 것을 알면서도 실천하지 않으면 진정으로 아는 것이 아니다.

3. 다음의 한자성어를 관계있는 말과 연결해 보십시오.

1) 사필귀정 • • 가) 모두에게 손가락질을 당하던 상습 절도범이 출소 후에 전혀 다른 사람이 되어 새로운 인생을 살아갔다.

2) 개과천선 • • 나) 지금은 아무도 알아주지 않는 일이라고 하더라도 언젠가 그 가치를 인정받게 될 것이라고 생각한다.

3) 호연지기 • • 다) 남을 통해 쉽게 성공을 이루려 하지 않고 하루하루 꾸준히 실력을 쌓아 나갔다.

4) 절차탁마 • • 라) 지도자는 위기의 순간에도 침착함과 평온함을 잃지 않는 마음가짐이 필요하다.

4. 빈칸에 알맞은 관용표현을 찾아 문장을 완성해 보십시오.

눈을 뜨다 가슴에 손을 얹다 마음이 굴뚝같다 바닥이 드러나다

1) 가: 큰 존경을 받던 분이 이토록 국민들을 실망시키리라고는 상상조차 하지 못했어요.
나: 저도 이번 사건을 계기로 __________________ 저 자신을 돌아보게 되었어요.

2) 가: 홀로 생활하던 노인이 영양실조로 쓰러진 채 발견되었대요. 어떻게 이 상황이 되도록 도와 준 사람이 하나도 없었을까요?
나: 평소에 이 상황을 지켜만 보던 주민들도 도와주고자 하는 __________________고 말은 하지만 실행에 옮기지 않는 말은 아무 소용이 없지요.

3) 가: 해외 시장을 겨냥하여 사업을 시작하게 되면서 달라진 점이 있나요?
나: 비록 경쟁사는 많아졌지만 쟁쟁한 실력가들을 많이 만나게 되었어요. 비로소 사업에 대해 ______________________________________.

4) 가: 자신의 약점은 고치기 어려운 것은 물론이고 발견하는 것조차 어려운 듯싶어요.
나: 사람은 대부분 어떤 사건을 계기로 자신의 __________________ 후에야 깨닫게 되는 거죠.

읽고 말하기 1

인간이란 무엇인가?

사막에 가상의 동물 스핑크스가 산다. 어느 날, 한 여행자가 스핑크스 앞을 지나가던 참에 스핑크스에게 이런 질문을 들었다. "아침에는 네 발로 기다가, 점심에는 두 발로, 다시 저녁에는 세 발로 걷는 동물은 무엇인가?" 정답은 바로 인간이다. 인간은 아기일 때 네 발로 기다가 어른이 되어서는 두 발로, 노인이 되어서는 지팡이를 짚고 세 발로 걷는다. 인간에게는 또 어떤 특징이 있을까?

인간의 특징을 살펴보려면 먼저 인간이 무엇인지를 알아야 한다. 그리고 우리가 인간답게 살기 위해서도 인간이 무엇인지에 대해서 고심해 볼 필요가 있다. 생존만을 위한 삶에 몰입해 사노라면 인간의 존재가 무엇인지를 망각하면서 살기 쉽기 때문이다. 인간에 대한 정의는 크게 생물학적 관점, 철학적 관점, 종교적 관점으로 나눠 살펴볼 수 있다.

인간은 동물처럼 생물학적 특성을 가지고 있다. 먹고 마시며 성욕을 갖고 있고 건강하기도 하고 질병에 걸리기도 한다. 생물학적으로 유인원에서 진화한 인간은 유인원과 신체상으로 많은 공통점을 갖고 있다. 그러나 아무리 인간이 동물과 비슷하기로서니 동물이라고 단정할 수는 없다. 인간은 인간만이 지니고 있는 신체적인 특징도 있다. 인간은 동물 가운데서 신체 비율에 비해 가장 큰 뇌를 지니고 있으며 뇌 가운데서도 사고와 연관되는 소뇌가 발달해 있다. 또 인간은 서서 걷고 말을 할 수 있으며 엄지손가락을 가장 잘 사용한다. 그러나 움직임에서라든가 감각기관의 사용에서는 인간은 다른 동물보다 뒤지는 경우가 많다. 후각과 청각에서 개와 같은 동물이 인간에 앞선다. 이처럼 인간은 오감을 사용하는 데서 다른 동물에 뒤떨어질망정 전체적인 적응 능력에서 다른 동물을 훨씬 능가한다. 직립 보행을 통해서 시야의 범위가 넓어졌고 두 손을 자유롭게 사용할 수 있게 되었기 때문이다. 생존 경쟁을 위한 싸움에서 동물처럼 이빨을 사용하는 대신 주먹이나 도구를 사용할 수 있게 되었다. 또한 인간은 동물과 달리 독특한 의식(意識)을 지니고 있다. 이런 인간의 의식은 논리적, 추리적 사고를 가능하게 하고 사랑, 감동, 슬픔, 영감을 느낄 수 있게 하는 정신 활동의 기초가 된다.

서양 철학에서 인간을 보는 관점은 어떨까? 크게 인간을 동물이라고 보는 견해와 인간은 동물이 아니라고 보는 견해가 있다. 인간을 동물로 보는 관점에서는 인간이 신체구조상 유인원과 유사하며 동물과 같이 식욕, 성욕, 수면욕 등의 본성을 가지고 있으며 공격적이고 이기적인 성향을 가지고 있기에 동물이라고 본다. 반면에 인간이 동물이 아니라고 보는 관점에서는 인간은 환경과 자신에 대해 알고 있으며 생각하는 힘이 있다고

- 사막
- 가상
- 스핑크스
- 기다
- 지팡이
- 짚다
- 성욕
- 유인원
- 진화
- 지니다
- 소뇌
- 엄지
- 유사하다
- 수면욕

주장한다. 그렇기 때문에 인간만이 창조적이고 학문과 사상, 제도 등을 발전시킬 수 있다고 한다.

유교로 대표되는 동양 철학에서는 인간의 본성에서 인간에 대한 의미를 찾으려 한다. 인간의 본성에 대한 대표적인 사상은 성선설(性善說)과 성악설(性惡說)이다. 성선설은 인간이 태어날 때 본성이 선하나 개인의 욕망이나 환경에 의해 악해질 수 있다고 본다. 이와 반대로 성악설은 인간이 태어나면서부터 이익을 추구하는 악한 존재이므로 교육과 같은 인위적인 방법을 통하여 선한 행동을 유도해야 한다고 한다. 이 두 사상은 인간을 고정된 존재가 아니라 여러 가지 요인에 의해 변화할 수 있는 이중성을 가진 존재로 본다. 종합적으로 말하면, 유교는 인간이 인(仁), 의(義), 예(禮), 지(智)의 착한 성품을 갖춘 존재라고 여기며 자신을 성찰할 수 있는 도덕적 능력을 갖추고 있다고 한다. 그러나 악한 본성도 있기에 수기(修己), 수양(修養)을 통해 그런 본성을 억제해야 한다고도 말한다. 따라서 유교에서의 이상적인 인간은 도덕과 학문에 뛰어난 군자이다.

인간은 시대와 장소에 따라서 각각 다른 모습으로 종교를 만들어 냈으며 이런 의미에서 인간을 종교적 동물로 부를 수도 있다. 그렇다면 종교적인 관점에서 인간은 무엇일까? 종교는 예로부터 인간 자체를 중시하였으므로 종교에서 인간을 보는 관점도 종교의 수만큼이나 다양하다.

불교는 인간을 육체와 감각 기능을 가지고 상상하고 행동하며, 의식을 지닌 존재로 본다. 또한 현실에서 인간은 잘못된 미혹, 무명(無明)으로 인한 욕심, 욕구로 인해 고통에 둘러싸여 있다. 인간은 자기 자신이 본래 부처라는 것을 깨달음으로써 그러한 고통을 극복하고 해탈(解脫)의 경지에 도달할 수 있다고 본다. 이를 위해 나와 남이 둘이 아니라는 것을 알고 자비를 실천할 것을 강조한다. 불교에서의 이상적인 인간상은 위로는 깨달음을 구하고 아래로는 일반 사람들을 가르쳐서 고통으로부터 건져 내는 일을 하는 사람이다.

기독교는 인간을 절대자 하나님이 자신의 형상을 따라 창조한 존재로 본다. 기독교는 인간이 하나님을 대신해서 모든 만물을 관리하고 다스리는 책임을 받았다고 말한다. 그러나 인간이 하나님의 명령을 거부하고 타락하였기 때문에 구원을 필요로 한다. 즉, 기독교는 인간을 타락에서 구원을 찾아가는 존재로 본다. 이상적인 인간상은 그리스도를 닮은 삶을 사는 사람으로, 다시 말하면, 하나님을 경외하고 이웃을 사랑하며 만물에 대해 책임을 다하는 사람이라고 한다.

이상으로 우리는 인간을 생물학적 관점, 철학적 관점, 종교적 관점 등으로 나눠 인간에 대해서 이해하려고 시도했다. 인간이란 무엇인가에 대해서는 한마디로 정의하기는 어렵다. 하지만 그에 대한 해답을 찾기 위한 노력은 계속되고 있다. 그렇다면 이 물음에 대한 대답을 구했을 때쯤 우리는 한층 더 성숙한 인간이 되어 있을까?

- 악해지다
- 인위적
- 유도하다
- 이중성
- 성찰하다
- 도달하다
- 자비
- 타락하다
- 구원
- 경외하다

1. 이 글의 주제는 무엇입니까?

2. 다음 중 생물학적 관점에서 인간과 동물의 차이점을 고르십시오. (　　　　　)

① 오직 인간만이 성욕을 가진다.

② 인간만이 아플 수도 있고 건강할 수도 있다.

③ 인간은 여러 동물 중에서 가장 큰 뇌용량을 가진다.

④ 인간은 다른 동물들에 비해 엄지손가락을 자유자재로 사용한다.

3. 철학적 관점에서의 인간 본성에 대한 설명입니다. 빈칸에 알맞은 말을 써 보십시오.

1) 서양 철학에서 인간을 보는 관점으로는 크게 인간을 (　　　　　　　　)(이)라고 보는 견해와 그렇지 않다고 보는 견해로 나눌 수 있다.

2) (　　　　　　　　)에 따르면 사람의 본성을 '선'으로 규정하여 선을 적극적으로 수행하면 누구나 성인이 될 수 있다고 보았다.

3) (　　　　　　　　)은/는 인간의 본성은 악하지만 교육 등의 인위적인 행위로 그것을 바르게 교정하여 선한 인간이 될 수 있다고 보았다.

4. 위 글을 읽고 종교적 관점에서 이상적인 인간상에 대해 요약해 보십시오.

1) 유교	
2) 불교	
3) 기독교	

5. 여러분은 인간의 본성을 선하다고 생각하는지 악하다고 생각하는지 이야기해 보십시오.

6. 이 글에서 제시된 종교 외에 다른 종교적 관점에서 인간관에 대해서 조사하고 말해 보십시오.

문법 및 표현

1. (아무리) V-기로서(니)

: 앞에 오는 사실을 인정한다고 해도 그것이 뒤에 오는 사실의 이유나 조건이 될 수 없음을 나타낸다.

- 아무리 친하기로서니 그 사람에게 현관 비밀번호를 가르쳐 줄 수는 없다.
- 아무리 제가 잘못했기로서니 사람을 그렇게까지 무시하시면 안 되지요.
- 아무리 유명한 사람이기로서니 규정에 예외를 둘 수는 없다.

2. V-던 터에

: 어떤 상황이나 처지를 나타내며 다소 예스러운 표현이다.

- 제 앞가림도 못 하던 터에 부모님께 용돈을 드릴 수 있었겠어요?
- 식당에 가려던 터에 마침 친구를 만나게 되어 함께 밥을 먹으러 갔다.
- 마침 시장하던 터에 친구가 집에서 만든 빵이라며 먹어보라고 나에게 건네줬다.

3. V-노라면

: 어떤 행위나 상태가 지속되다가 보면 뒤의 결과가 발생한다는 의미로 다소 예스러운 표현이다.

- 사노라면 언젠가는 좋은 날도 오겠지.
- 열심히 하노라면 반드시 성공할 수 있을 것이다.
- 이 길을 따라가노라면 왼편으로 건물이 하나 나올 것이오.

4. V-ㄹ/을망정

: 앞의 부정정인 상황을 가정하면서 뒤의 내용을 강조할 때 사용한다.

- 결과적으로는 실패했을망정 그동안 기울인 노력은 인정할 만하다.
- 비록 각 나라의 문화가 다를망정 공통적인 부분이 존재하기 마련이다.
- 육체적으로는 많이 지쳤을망정 정신적으로는 더욱 강해지는 계기가 되었다.

듣고 말하기2 602

다음은 강의입니다. 잘 듣고 질문에 대답하십시오.

1. 강의의 주제는 무엇입니까?

2. 다음 중 들은 내용과 일치하는 것을 고르십시오. (   )
   ① 우리는 죽음에 대해 제대로 알아야 한다.
   ② 사람들은 평소 죽음에 대해서 생각하곤 한다.
   ③ 사람들의 죽음은 그 어떤 경우에도 우울한 일이다.
   ④ 사람들은 대게 죽음에 대해서 부정적으로 생각한다.

3. 죽음을 두려워하지 않으려면 어떻게 해야 합니까?

4. 여러분은 사랑하는 사람과 이별하는 것과 사랑하는 사람이 죽는 것 중에서 어떤 경우가 더 나쁘다고 생각합니까? 왜 그렇게 생각하는지 친구들과 이야기해 보십시오.

- 심심치 않다
- 치명적
- 우울하다
- 광년
- 행성
- 우주선
- 발사
- 폭발하다
- 탑승자
- 정작
- 변
- 갚지다
- 영혼
- 불멸
- 존재하다

문법 및 표현

1. V-ㄹ/을진대

: 앞의 내용이 뒤의 내용의 조건이나 이유가 될 때 사용하며 정중하고 예스러운 표현이다.

- 유학을 가면 좋을진대 왜 안 가려 하느냐?
- 아이도 자기의 생각이 있을진대 좀 더 기다려 봅시다.
- 그 사람도 사람일진대 은혜를 원수로 갚지는 않을 것이오.
- 젊은 시절로 돌아갈 수만 있다면 더 나은 선택을 할 수 있었을진대 아쉬움이 크네.

쓰고 말하기

다음 상황을 읽고 이 문제를 해결할 방법을 제시된 방법 중에서 고르십시오.

어떤 나라의 A지역에는 사상 최악의 전염병이 발생했다. 이 나라의 항구 도시인 A지역은 인구 400만이 살고 있는 대도시이며 다른 나라로 이동이 가능한 국제항이 자리 잡고 있다. 그런데 이 지역에 전대미문의 전염병이 발생하여 수많은 사람들이 죽어가고 있다. 이에 정부는 전염병의 확산을 막기 위해 군대로 그 지역 주변을 봉쇄하였고, 사람들의 출입을 차단하고 있다. 이를 해결할 수 있는 방법이 단 세 가지 경우라면 어떤 방법을 선택하겠는가?

첫 번째 방법	두 번째 방법	세 번째 방법
그 지역의 사람들이 스스로 전염병의 면역이 생길 때까지 기다리는 방법이다. 왜냐하면 전염병의 발생 원인도 전혀 파악이 안 되고 있으며 현재로서는 고칠 수 있는 약도 없기 때문이다. 만약 다른 지역으로까지 퍼지게 된다면 전 세계가 위험에 빠질 것이다. 하지만 이 방법으로 인해 병에 걸린 사람들이 극심한 고통과 후유증에 시달리며 바로 옆에 위치한 인구 800만의 수도로 전염될 가능성도 크다.	바이러스를 완전히 차단하고 원인균을 제거하기 위해 A지역에 폭탄을 터뜨리고 불을 지르는 방법이다. 폭탄과 화염만이 전염병이 퍼지는 것을 완전히 차단할 수 있기 때문이다. 하지만 이 방법을 선택하게 되면 국가는 A지역 주민의 인권을 무시한 채 사람들을 죽이게 되어 윤리적으로 큰 문제를 안게 된다. 또한, 대(大)를 위해 소(小)가 희생하는 것이 정당한가에 관한 논란이 있다.	의사를 A지역에 보내 그 지역 사람들을 치유하는 방법이다. 이 방법은 국가가 최대한의 노력을 기울여서 생존자를 최대한 늘릴 수 있다는 장점이 있다. 하지만 이런 위험한 상황에서 A지역에 자원할 의사가 없을 것이다. 그렇다면 할 수 없이 국가는 강제로 의사를 징집해야 할 것이다. 여기서 논란이 되는 것은 국가가 개인의 인권을 무시한 채 강제로 징집하여 파견할 권리가 있느냐 하는 것이다.

통합 활동

도덕성 함양을 위해서 친구들과 함께 공익광고를 만들어 보십시오.

1. 도덕성은 무엇이며, 왜 필요한가?

예일대 스탠리 밀그램 교수는 인간의 도덕성에 대한 실험을 하였다. 그는 신문에 '공포감과 학습능력' 이라는 실험을 진행한다는 광고를 낸다. 시간당 4달러의 사례비를 준다고 하며 실험에서 교사 역할을 하는 사람을 모집한다는 내용이었다. 실험에 참가하는 사람들은 교사가 되어 학생이 오답을 선택했을 때 전기 충격을 줘야하는 역할을 맡는다. 실험 참가자들은 작은 방에 들어가서 그들 앞에 놓여 있는 전기 충격기의 버튼을 누른다. 칸막이 너머에 앉아 있는 학생은 답이 틀릴 때마다 버튼을 눌러야 한다. 1~10단계의 세기로 이루어진 이 전기 충격기는 가짜이지만 교사 역할을 담당하는 사람들은 이 사실을 모르고 참여한다.

이 실험을 하기 전 스탠리 교수는 3,000여명을 대상으로 설문 조사를 진행한다. 설문 조사의 내용은 '누군가가 나에게 비인간적인 행위를 요구한다면 따를 것인가?' 였고, 92%가 따를 수 없다고 하였다. 그래서 이 실험을 시작하면서 고작 0.2% 정도만이 마지막 단계인 10단계의 450볼트의 전기 충격 버튼을 누를 것이라고 예측하였다. 과연 실험 결과는 어떻게 되었을까?

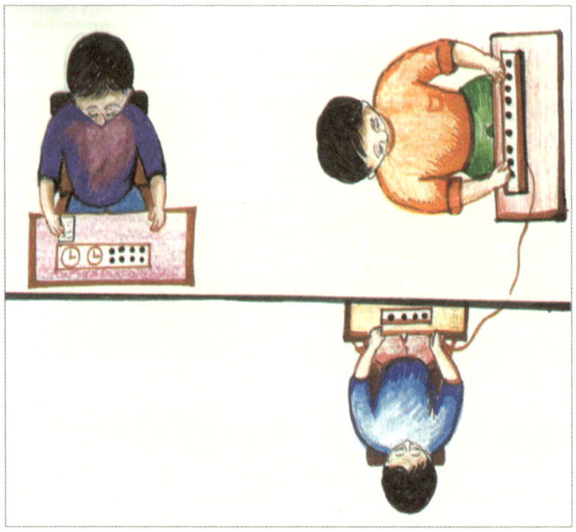

공익광고 구상하기

	광고 장면 스케치	광고 내용
1		
2		
3		
4		
5		

문화 산책

지금으로부터 1,350여 년 전인 660년. 신라는 당나라와 연합하여 백제와 고구려를 점령하기 위해 통일 전쟁을 치르고 있었다. 당시 당나라에서 현장법사가 불교 전성기를 이끌고 있었고, 이 소식이 신라에도 전해져 신라 승려들이 당나라로 유학을 많이 떠났을 때이다.

신라의 승려인 원효 역시 더 많은 배움을 얻기 위해 의상과 함께 선진 불교를 배우고자 당나라로 떠날 결심을 했다. 원효와 의상은 걸어서 산을 넘고 강을 건넜다. 그러다 밤이 되면 추위를 피할 곳을 찾아 잠을 청하며 당나라로 가고자 했다.

밤이 깊어진 어느 날, 경주로 향하던 원효와 의상은 몹시 피곤하여 쉬어 가고 싶어졌다. 그래서 쉴 곳을 찾았으나 산속이라 주변에 마땅히 쉴 곳이 없었다. 그러던 중에 둘의 발걸음은 동굴로 향하게 된다. 몹시 지친 그들은 동굴에 들어서자 곧 곯아떨어져 버렸다. 잠결에 목이 말랐던 원효는 잠에서 깼다. 주변은 어두컴컴해 아무것도 보이지 않았다. 타는 듯한 목마름에 손으로 더듬더듬 주변을 살피다가 곁에 있던 물바가지가 손에 잡혔다. '참으로 달콤한 물이구나. 갈증이 싹 풀리네.' 라고 생각하며 물을 마시고 다시 잠을 청했다. 날이 밝자 원효와 의상은 주변을 보고 깜짝 놀란다. 잠을 청했던 동굴은 온통 해골과 뼈들로 가득한 곳이었다. 그리고 원효는 어젯밤에 마신 물그릇을 보고 구역질을 했다. 본인이 마신 물은 바가지에 담긴 것이 아니라 해골바가지에 고인 썩은 물이었던 것이다. 원효는 그것에서 다음과 같은 깨달음을 얻게 된다.

'해골에 담긴 물은 어젯밤과 오늘 모두 똑같은데 어째 어제는 단물 맛이 나고 오늘은 구역질이 나게 하는 것인가? 바로 이것이다. 어제와 오늘 사이에 달라진 것은 물이 아니라 나의 마음인 것이다. 진리는 밖이 아닌 내 안에 있는 것이다.'

원효는 마음먹기에 따라서 썩은 물도 달콤하게 느껴진다는 것을 깨닫고 그 길로 신라로 다시 되돌아갔다. 그 후 자신의 깨달음을 더욱 널리 알리기 위해 저술에 힘을 쓰게 된다. 당시에는 귀족에게만 전파되었던 불교를 서민들에게 전해 대중화하는 일에 앞장서기도 했다. 배우지 못하고 가난하며 질병으로 고통받아 절망 가운데 살아가는 사람들도 마음이 바뀌어 희망을 되찾을 수 있다고 생각했다. 사람들이 본래의 마음을 깨달으면 정토(淨土)를 이룰 수 있고 부처의 이름을 외우고 부처의 가르침을 들으면 성불할 수 있다고 가르쳤다.

단 한 번의 상황으로 교훈을 깨닫고 그것을 바탕으로 사람들에게 널리 불교의 가르침을 전파한 원효대사. 만약 우리가 그 상황이었더라면 어땠을까? 해골에 고인 물을 마신 자신이 너무 싫고 그 상황이 괴롭게 느껴졌을지도 모른다. 작은 것에서부터 교훈을 얻는 연습을 오늘부터 해 보는 것은 어떨까?

제2과 환경과 미래

학습 주제
환경과 미래

학습 목표
환경 문제에 대한 정보를 전달하고 해결 방안에 대해 논의할 수 있다.

어휘 학습
환경 관련 어휘

듣고 말하기
환경 관련 대화
생태 공원 조성에 대한 인터뷰

읽고 말하기
사막화 현상

쓰고 말하기
환경 보존과 경제 발전의 우선순위에 대한 논설문

문법 및 표현
V-(으)냐/느냐 V-(으)냐/느냐
AV-ㅁ/음에 따라서, V-ㄴ/은/는 까닭에
DV-기(가) 이를 데(가) 없다
AV-(으)려야 AV-ㄹ/을 수(가) 없다

통합 활동
환경 문제에 대한 포스터 발표하기

문화 산책
한국의 전통 건축

2 환경과 미래

들어가기

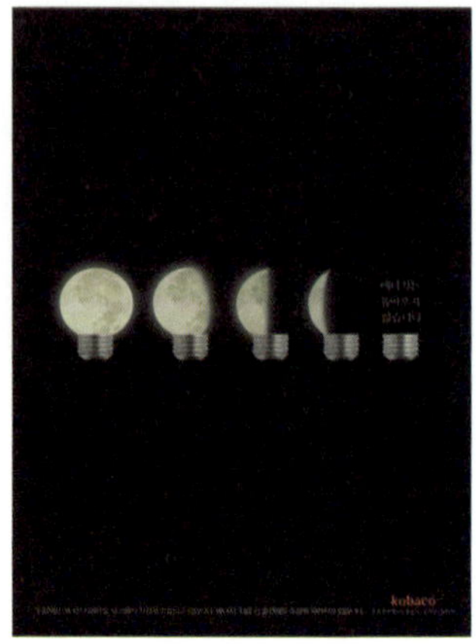

1. 환경 문제의 종류에는 무엇이 있습니까?

2. 환경 문제를 일으키는 원인과 그것이 우리 삶에 미치는 영향에 대해 이야기해 보십시오.

듣고 말하기1 603

두 사람의 대화를 잘 듣고 질문에 답하십시오.

1. 무엇에 대해 이야기하고 있습니까?

2. 쓰레기양을 줄이기 위해 방송에서 소개된 방법을 모두 고르십시오. (　　　　　)

① 일회용품을 되도록 사용하지 않는다.

② 과식을 하더라도 음식을 남기지 않는다.

③ 이미 사용한 종이의 뒷면을 재활용한다.

④ 비닐 봉투에 쓰레기를 담아서 갖고 다닌다.

3. 다음의 환경 문제를 해결하기 위한 대안을 찾아 연결해 보십시오.

1)	✓ 1년 동안 쓰는 종이컵 120억 개 ✓ 이산화탄소 12만 2000톤 배출 ✓ 이를 흡수하기 위해 1년 동안 심어야 하는 나무 4천 725만 그루 •	• 가)	전자 우편 청구서 신청하기
2)	✓ 종이 청구서로 인해 한 달 간 사용하는 종이 3억 7천만 장 ✓ 1년에 49만 그루의 나무 사용 ✓ 이산화탄소 증가와 지구 온난화 •	• 나)	장바구니 사용하기
3)	✓ 일회용 비닐은 1년에 약 160억 장 사용 ✓ 비닐이 썩어서 분해되는 데 필요한 시간은 100년 •	• 다)	개인 컵 사용하기

4. 환경 보호를 위해 여러분이 실천하고 있는 일에 대해 이야기해 보십시오.

• 벌칙
• 어마어마하다
• 용기
• 이면지

1. V-(으)냐/느냐 V-(으)냐/느냐

: 서로 다르거나 반대되는 두 가지를 나열할 때 사용한다.

- 사느냐 죽느냐 그것이 문제로다.
- 주어진 시간이 많으냐 적으냐와 관계없이 효율적인 시간 관리가 필요하다.
- 관련 자격증이 있느냐 없느냐에 따라 연봉 책정이 달라진다.

어휘 학습

1. 환경이 파괴되었을 때 나타나는 현상은 무엇인지 연결해 보십시오.

1) 산성비 •	• 가)	인체나 생물에 해로운 태양의 자외선을 흡수하는 대기층이 파괴되는 현상
2) 사막화 •	• 나)	지표 부근의 기온이 장기적으로 상승하는 현상
3) 오존층 파괴 •	• 다)	적도 주변에 발달한 숲으로 전 세계 생명체 종의 절반 이상이 살고 있는 곳이 파괴되는 현상
4) 지구 온난화 •	• 라)	오랫동안의 가뭄과 인간의 과도한 개발로 숲이 사라지고 토지가 생물이 살 수 없는 환경으로 변해가는 현상
5) 열대림 파괴 •	• 마)	빗물이 대기의 영향으로 PH가 낮아지는 현상

※PH : 물의 산성과 알칼리성을 나타내는 수치

2. 빈칸에 알맞은 관용표현을 찾아 써 보십시오.

눈살을 찌푸리다	내 코가 석 자	발 벗고 나서다	도마 위에 오르다

환경 문제에 대한 관심이 높아지면서 기업 활동으로 인한 환경오염 문제가 가) ________________. 경제적인 발전만을 우선시하여 그 지역의 환경에 대해서는 무관심한 기업들로 인해 주민들은 나) ________________. 이와 같은 상황을 지켜보다 못한 정부는 기업의 환경오염 문제에 대해 다) ________________며 적극적으로 개입하기 시작했다. 환경 규제가 강화되자 중소기업에서는 라) ________________인 상황에 오염 방지 시설을 설치하기가 어렵다며 하소연했다. 이에 따라 정부에서는 환경오염 방지기금을 마련하여 중소기업에 한해 다방면으로 지원할 것을 약속했다.

3. 다음의 한자성어를 관계있는 말과 연결해 보십시오.

1) 우후죽순 •   • 가) 도시를 벗어나서 자연의 푸르름을 보니 마음이 정화되는 것 같아요.

2) 산천초목 •   • 나) 영양제가 아무리 좋다고 하더라도 과용하면 오히려 건강에 해를 끼치는 법이에요.

3) 격세지감 •   • 다) 언제부터인가 도심의 이곳저곳에 커피숍이 많이 생겨났어요.

4) 과유불급 •   • 라) 세상이 얼마나 빠르게 변했는지 10년 전의 인천의 모습과는 많이 달라졌네요.

4. 다음의 상황과 관련된 속담을 찾아 써 보십시오.

뿌린 대로 거둔다	가랑비에 옷 젖는 줄 모른다
소 잃고 외양간 고친다	모로 가도 서울만 가면 된다

1) 사람들은 나 하나쯤인데 어떠냐는 생각으로 환경 문제에 대해 무관심한 채로 살아가지만 모든 사람들이 이와 같은 생각을 한다면 상황은 심각해질 수밖에 없다.

____

2) 환경 파괴로 인한 결과가 눈앞의 현실에서는 드러나지 않을 수도 있지만 후손들이 살아갈 미래에는 반드시 영향을 미치게 될 것이다.

____

3) 자연이 한 번 파괴된 이상 처음과 같이 온전한 모습으로 복구하기란 불가능하다. 따라서 처음부터 자연을 소중히 여기며 보존하는 것이 중요하다.

____

4) 기업에서는 과정보다 결과를 중요하게 여긴 탓에 이윤 추구를 위해서라면 환경오염에 대해서는 무관심한 경우가 많다.

____

읽고 말하기 1

사막화란 토지가 기후 변화나 인간의 활동으로 말미암아 더 이상 식물이 자라날 수 없는 환경으로 바뀌는 것을 말한다. 통계적으로 볼 때 사막화는 전 세계적으로 빠르게 진행되고 있으며 그 영향 또한 막대하다. 사막화에 대한 피해가 증가함에 따라서 사막화에 대한 대책이 국제적으로 논의되기 시작되었고, 매년 6월 17일을 사막화 방지의 날로 지정하여 기념하고 있다.

사막화의 원인으로는 자연적인 요인과 인위적인 요인이 있다. 자연적인 요인은 지속되는 가뭄과 같이 기후의 영향으로 발생하게 된다. 반면에 인위적인 요인은 인구가 증가함에 따라서 발생되는데, 과도한 방목과 개간으로 인한 삼림의 파괴나 수자원 이용의 증가 등이 그 원인이 되고 있다.

이러한 현상으로 인해 나타나고 있는 피해는 매우 심각한 수준이다. 지금까지 사막화

- 막대하다
- 방목
- 개간
- 직결되다

로 지구 전체 식량 생산량의 13% 정도가 감소하였다. 사막화가 현재와 같은 속도로 진행된다면 인류에게 절대적으로 필요한 식량 생산량은 점차 줄어들 것이다. 이와 반대로 인구 증가율은 점차 증가하는 추세를 보이고 있어 미래의 상황이 더욱 악화될 것이다. 농업과 목축업이 기본 산업인 국가에서 사막화 문제는 생존과 직결된 문제이므로 식량 생산성이 높은 토지를 차지하고자 지역적인 분쟁이 일어나기도 한다. 그리고 자연을 이용한 발전 전략을 세운 개발도상국과 이를 규제하려는 선진국 간의 입장 차에 기인한 분쟁도 일어나고 있다. 획기적인 식량 증대 계획이 마련되지 않는 한 미래에 식량 전쟁과 영토 전쟁이 발생할 가능성이 매우 높다.

이뿐만 아니라 자연 재해로 인한 위협도 증가하게 된다. 사막화가 진행되는 지역에서는 비가 불규칙적으로 내리며 기후 변화의 영향으로 갑작스레 폭우가 내리는 경우가 빈번해 홍수가 발생한다. 게다가 빗물이 땅으로 흡수되지 못하고 토양 자체가 그대로 휩쓸려 내려가는 까닭에 그 지역에 큰 위협을 가하게 된다. 지금까지의 이러한 피해 때문에 2천 5백만 명의 난민이 발생했으며 앞으로는 그 수가 2억 5천만 명 가량으로 증가할 것으로 예상된다.

사막화로 인한 또 다른 피해로는 황사 현상이 있다. 황사로 인해 미세먼지 농도가 증가하며 이는 호흡기 질환, 눈병, 심장 질환 등을 유발한다. 따라서 면역력이 약한 노인, 임산부, 아동에게는 치명적일 수 있는데 작년 한 해에 호흡기 질환으로 인해 사망률이 37%나 증가한 만큼 황사는 인간의 건강에 위협이 되고 있다.

마지막으로 사막화는 수자원의 감소를 불러일으킨다. 사막화가 진행되면 그 지역은 더욱 건조해져서 주변에 있는 물의 증발 속도를 높인다. 사람들이 농사나 식수를 위해 물을 끌어 쓰는 것이 이에 더해지면 물은 더욱 빠르게 말라갈 것이다. 해수의 경우에는 이처럼 물이 줄어들면서 염분의 농도가 증가되어 수중 생태계가 파괴된다.

지금까지 살펴본 바와 같이 사막화는 생존과 직결된 문제라는 점에서 해당 국가의 노력만으로는 해결이 불가능하다. 따라서 국가 간의 협력을 통해 산림과 생태를 복원하고 사막화를 방지하고자 하는 노력이 절실하게 필요하다. 이와 동시에 개개인도 생활에서 환경보호를 실천해야 한다. 에너지와 물을 절약하는 생활 속의 작은 습관을 몸에 배게 함으로써 사막화의 원인이 되는 지구 온난화와 수자원 고갈을 막을 수가 있다.

- 기인하다
- 휩쓸리다
- 증발
- 염분
- 복원하다
- 절실하다
- 몸에 배다
- 고갈되다

1. 이 글에서 나타난 사막화의 정의를 찾아 쓰십시오.

2. 사막화의 원인에 대해 정리해 보십시오

1) 자연적인 요인	
2) 인위적인 요인	

3. 사막화로 인해 발생된 문제가 아닌 것을 고르십시오. (　　　　)

① 식량 생산의 감소로 인해 지역 간의 갈등이 생긴다.

② 기후 변화가 자연 재해를 일으켜 삶의 터전을 잃게 된다.

③ 황사 현상의 영향을 받는 주변 지역에 사막화가 진행된다.

④ 인간의 생존에 있어서 필수적인 물이 부족해지는 현상이 나타난다.

4. 사막화 현상을 해결하기 위해 국가와 개인이 노력해야 할 것에 대해 써 보십시오.

국 가	개 인
• • •	• • •

문법 및 표현

1. V-ㅁ/음에 따라(서)

: 앞의 내용이 원인이 되어 어떤 결과가 나타날 때 사용한다.

- 금년부터 교육 정책이 변화됨에 따라 역사 교육이 한층 강화된다.
- 바른 자세로 일정 시간 동안 걸음에 따라 척추를 교정할 수 있다.
- 노년층의 인구가 증가함에 따라 이들을 대상으로 한 맞춤 산업이 발달할 것이다.

2. V-ㄴ/은/는 까닭에

: 앞의 내용이 뒤의 내용의 이유나 근거가 될 때 사용한다.

- 그녀를 사랑하는 까닭에 함께하는 시간이 짧게 느껴진다.
- 멀리 떠난 아들이 보고 싶은 까닭에 눈물만 지을 뿐이다.
- 주민들의 반대가 거센 까닭에 애초의 계획은 무산되고 말았다.
- 그는 스스로에게 매우 엄격한 사람인 까닭에 자기 관리를 철저하게 한다.

듣고 말하기2 603

다음의 대화를 잘 듣고 질문에 답하십시오.

1. 들은 내용을 바탕으로 답변을 요약해 보십시오.

[질문1] 난지도가 쓰레기 매립지였던 당시 상황은 어땠습니까?
[답변1]

[질문2] 매립지가 되기 전 난지도의 모습은 어땠습니까?
[답변2]

[질문3] 어떤 계기로 복원 사업을 시작했습니까?
[답변3]

[질문4] 공원의 대표적인 시설로는 무엇이 있습니까?
[답변4]

2. 다음 중 들은 내용과 일치하는 것을 고르십시오. (   )

① 월드컵 공원은 가을에만 개방되는 장소이다.

② 쓰레기 산이었던 난지도가 생태 공원으로 개발됐다.

③ 이곳의 자연을 복원하는 일에 반발하는 의견도 있었다.

④ 공원 내의 바람개비는 예술 감상을 위해 설치된 시설이다.

3. 난지도가 쓰레기 매립지로 사용되었을 때와 공원으로 조성된 이후의 모습을 비교하여 이야기해 보십시오.

복원 전	복원 후

- 향취
- 물씬
- 매립지
- 만발하다
- 철새
- 보고
- 풍수지리
- 불가피하다
- 청정에너지
- 대체에너지
- 부각시키다
- 조성되다
- 발돋움

4. 여러분의 나라에서는 환경 보호를 위해 어떤 제도를 시행하고 하고 있는지 시행 전과 시행 후의 모습을 대조하여 이야기해 봅시다.

문법 및 표현

1. DV-기(가) 이를 데(가) 없다.

: 상태의 정도가 매우 대단하거나 심하다는 것을 강조하는 표현이다.

- 눈앞에 펼쳐지는 자연 풍경이 아름답기가 이를 데가 없다.
- 두 회사를 합병하자는 제안이 부담스럽기가 이를 데가 없다.
- 계속되는 폭설로 말미암아 도로 상황이 위험하기가 이를 데가 없다.

2. AV-(으)려야 AV-ㄹ/을 수(가) 없다

: 말하는 사람이 의도를 갖고 행동하려고 하지만 다른 이유나 상황으로 인해서 그 행동을 하는 것이 불가능할 때 사용한다.

- 위염으로 인해 음식을 먹으려야 먹을 수가 없었다.
- 기상 악화로 비행기가 이륙하려야 이륙할 수 없는 상황이다.
- 어려운 부탁이지만 친한 사람이라서 모르는 척하려야 할 수가 없다.

쓰고 말하기

환경 보존과 경제 발전 중에서 어느 것이 우선이 되어야 한다고 생각합니까? 여러분의 의견을 정리하고 이를 뒷받침할 사례를 찾아 글을 써 보십시오.

A시는 과거 탄광 개발 지역으로 많은 사람들이 일자리를 얻기 위해 찾아와 거주했던 지역이다. 하지만 폐광된 이후로 주민들은 일자리를 잃었고 젊은 사람들은 하나둘씩 대도시로 떠났다. 학생들이 떠나버린 학교는 폐교가 되었다. 정부에서는 대체 산업을 육성하여 지역 경제를 발전시키고자 이곳에 대규모 관광 및 도박 시설 설립을 계획하고 있다. 호텔을 비롯하여 골프장과 스키장도 차례로 건설될 예정이다. 주민들은 기대감을 비치며 환영하고 있으나 환경 단체에서는 자연이 훼손되는 것을 우려하여 이를 반대하고 있다.

	환경 보존	경제 발전
주장	• 환경은 한 번 파괴되면 복구하는 데 시간과 재정이 많이 필요하다. •	• 경제 문제도 환경 문제만큼 인간의 생존과 밀접한 관계가 있다. •
사례	• •	• •

통합 활동

환경 문제와 관련된 주제를 정해서 포스터 발표를 해 보십시오.

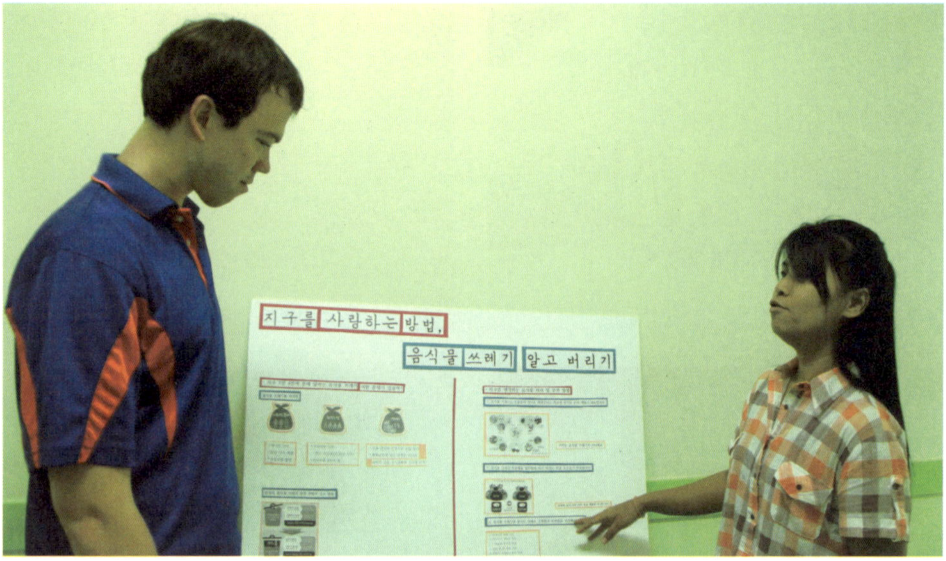

준비 과정	내용
환경 문제에 대한 세부 주제 정하기	
↓	
통계, 사진, 기사 등의 자료 찾기	
↓	
문제점에 대해 정리하기	
↓	
해결 방안 정리하기	
↓	
제목 정하기	

문화 산책

자연과의 조화를 이루고 있는 한국의 전통 건축에 대한 글을 읽어 보십시오.

한옥은 친환경적 건물로서 과거 한국인들이 자연을 어떻게 인식하고 있었는가를 잘 보여주는 건축 양식이다. 한옥은 현대 건축물과는 달리 나무와 돌, 흙과 같이 주위에서 손쉽게 얻을 수 있는 천연 재료로 만들어져서 인공미보다는 자연미가 느껴지는 건축물이다.

한옥의 마당에는 흙을 그대로 두었으며 오래된 나무나 돌을 함부로 뽑아내거나 옮기지 않았다. 또한 마루와 낮게 지어진 담장을 통해 내부의 공간과 외부의 자연 공간이 막히지 않고 서로 이어지도록 했다. 건축 재료는 가공하지 않고 원래의 상태 그대로를 사용하는 경우가 많다. 휘어져 있는 대들보나 서까래는 원래의 나무 그대로를 사용하여 매우 자연스러운 선을 보여준다.

한옥의 지붕과 벽에는 흙을 발라 여름에는 서늘하고 겨울에는 따뜻하게 온도를 유지해 준다. 계절에 따라 온도의 차이가 심하고 일교차가 큰 지역에서는 흙이나 돌이 낮에는 열을 흡수하고 밤에는 열을 방출하여 실내의 온도를 적당하게 유지해 주는 실용적인 재료로 사용된다. 흙으로 덮은 벽에는 한지로 도배를 하는데 그 우수성은 뛰어나기가 이를 데가 없다. 얇아 보이지만 추위를 효과적으로 막아줄 뿐만 아니라 햇빛을 적절하게 조절하여 빛을 내부에 공급해준다.

이처럼 한옥은 자연을 건축물에 맞게 가공하여 바꾸기보다는 건축물이 최대한 주변의 자연 풍경에 어울려 조화를 이루도록 지어진 건축물이다. 여기에는 자연이 가진 아름다움과 가치를 보존하고 누리고자 하는 한국인들의 지혜가 담겨있다.

제3과 관혼상제

학습 주제
풍습

학습 목표
한국의 관혼상제를 이해할 수 있다.

어휘 학습
관혼상제 관련 어휘

듣고 말하기
성년의 날
제례 관련 대담

읽고 말하기
변화하는 결혼문화

쓰고 말하기
인생계획을 세우고 발표하기

문법 및 표현
AV-게요?, N을/를 막론하고, V-(으)랴마는
V-ㄴ/은/는이상, V-ㄹ/을 터이다

통합 활동
모국의 상례 조사 발표
모의 결혼식(혼인 서약서)

문화 산책
한국의 상례의 변화

3 관혼상제

들어가기

1. 여러분 나라와 한국의 관혼상제에 대해서 비교하여 이야기해 보십시오.

2. 나라마다 가지고 있는 독특한 풍습에 대해서 이야기해 보십시오.

듣고 말하기1 605

두 사람이 성년의 날에 대해 이야기하고 있습니다. 잘 듣고 질문에 답하십시오.

1. 다음 중 대화의 내용과 맞는 것을 고르십시오. (　　　　)
   ① 한국과 프랑스의 성년이 되는 나이는 똑같다.
   ② 한국에서 성년의 날은 5월 셋째 주 월요일이다.
   ③ 아멜리 씨는 올해 성년이 되어 꽃을 선물 받았다.
   ④ 아멜리 씨는 오늘이 성년의 날인 것을 알고 있다.

2. 한국의 성년의 날에 대해 간단하게 메모한 후 요약해서 이야기해 보십시오.

1) 성년의 날	
2) 성년의 나이 기준	
3) 선물의 종류	

3. 여러분 나라에서는 성년의 날을 어떻게 축하하는지 이야기해 보십시오.

1. AV-게요?
: 말하는 이가 상황을 통해 추정한 것을 듣는 이에게 확인하고자 질문함을 나타낸다.

- 벌써 집에 가게요?
- 부산은 왜 가요? 친구를 만나게요?
- 선생님께서 전화를 직접 하시게요?

- 떡 줄 사람은 꿈도 안 꾸는데 김칫국부터 마신다
- 성년

어휘 학습

1. 다음은 한국의 현대식 결혼식의 절차와 관련된 어휘입니다. 그림에 맞게 연결해 보십시오.

1) 화촉 점화 •	• 가)	
2) 신랑 입장 •	• 나)	
3) 신부 입장 •	• 다)	
4) 혼인 서약 및 성혼 선언문 낭독 •	• 라)	
5) 주례사 •	• 마)	
6) 양가 부모님께 인사 •	• 바)	
7) 축가 •	• 사)	
8) 신랑 신부 행진 •	• 아)	
9) 폐백 •	• 자)	

2. 다음은 관혼상제와 관련된 한자성어입니다. 관계있는 말과 연결해 보십시오.

1) 살신성인 •	• 가)	지난 몇 년간 기쁘고 힘든 일을 함께 하면서 서로에게 의지하며 위기를 이겨냈더니 정이 쌓였어요.
2) 홍동백서 •	• 나)	후배를 구하러 사고 현장에 뛰어 들어가 자신의 목숨을 아끼지 않은 그 청년의 소식이 안타깝네요.
3) 동고동락 •	• 다)	저는 덜렁거리고 잘 잊어버리는데 남편은 꼼꼼하고 자상한 편이라 다들 잘 어울린다고 해요.
4) 천생연분 •	• 라)	제사를 지낼 때에는 붉은 과실은 동쪽에, 흰 과실은 서쪽에 놓거라.

3. 다음은 관혼상제와 관련된 관용 표현입니다. 상황에 어울리는 표현을 써 보십시오.

머리가 크다	날을 가리다	유명을 달리하다	면사포를 쓰다

1) 가: 아까부터 달력만 보고 있던데 어디 여행이라도 가게요?
   나: 그게 아니라……. 사실 제가 올 가을에 결혼을 하는데 언제가 좋을까 싶어서 좀 보고 있었어요.
   가: 그래요? 그럼 좋은 날을 받아야겠네요. 그런 중요한 일은 ______________ 길일에 해야지요. 아무튼 얼마 전에 승진도 하고 겹경사네요.

2) 가: 이거 제 청첩장이에요. 다음 달에 ______________.
   나: 어머! 언제쯤 국수를 먹여 주나 했더니 정말 축하해요.

3) 가: 요즘 아들이 대학에 들어가더니 허구한 날 술을 마시고 들어오질 않나, 말대답도 부쩍 더해진 것 같아서 속상하네요. 어디 하소연 할 데도 없고…….
   나: 애들이 다 그렇죠. 우리 아들도 마찬가지예요. 이제 ______________ 어른이라는 거죠. 너무 걱정하지 마세요. 군대에 갔다 오면 철이 좀 들겠죠.

4) 가: 그 선배는 왜 잘 다니던 회사에 사표를 낸 거예요? 다들 취업하기 어렵다고 하는데.
   나: 아버지께서 갑작스럽게 ______________ 이제껏 일궈 오신 사업을 이어 받아야 한대요.

4. 다음은 관혼상제와 관련된 속담입니다. 상황에 맞는 속담을 골라 대화를 써 보십시오.

떡 본 김에 제사 지낸다
뒷간과 사돈집은 멀수록 좋다
제사보다 젯밥에 더 관심이 많다
남의 제사에 감 놔라 배 놔라 한다
장사 지내러 가는 놈이 시체 두고 간다
중매는 잘하면 술이 석 잔이고 못하면 뺨이 세 대다

1) 가: 넌 아직도 담배를 못 끊었니? 요즘 다들 건강이다 뭐 다해서 금연한다는데.

나: ______________________게 아닐 텐데. 지난달 동창 모임에서 보니까 넌 대학 때 술버릇 그대로던데 그것부터 고치는 게 어때?

2) 가: 글쎄, 진영이가 어제 중요한 시험이었는데 신분증을 안 가지고 가서 시험을 못 봤대요.

나: ______________________더니 어리석은 행동을 했군요.

3) 가: 이번 주 주말에 이 대리님 결혼식에 참석하실 거죠?

나: 당연하지! 신부가 지성과 미모를 갖춘 아나운서인데 유유상종이라고 친구들도 그렇지 않겠어?

가: 참나! 지금 선 보러 가세요? 어떻게 ______________________.

4) 가: 다음 주에 대학 동기랑 설악산에 단풍 구경이나 갈까 하는데 너도 같이 안 갈래?

나: 그럴까? 그럼 ______________________고 설악산에 간 김에 속초에 가서 회도 먹고 오자.

5) 가: 우리 팀에 너랑 분위기가 비슷해서 잘 어울릴 것 같은 후배가 있는데 소개팅 안 할래?

나: 나야 좋지. 그런데 사람 소개하는 거 잘 해야 한다. 인연 맺어 주는 일이 어디 보통일인 줄 아니? 오죽했으면 ______________________(이)라는 말이 있겠어.

6) 가: 얼마 전에 시부모님과 친정 부모님께서 함께 제주도로 여행을 다녀오셨는데 아주 즐거워하셔서 저희가 되레 기분이 좋더라고요.

나: 그러셨어요? ______________________는 옛말이 다 무색하네요. 저희 부모님 세대만 해도 시댁과 친정 부모님들이 왕래하면서 가까이 지내는 것을 어려워하셨는데…….

다: 그러셨죠. 세월이 많이 변했다지만 그런 관계는 늘 조심스러우니 매사에 신중해야죠.

읽고 말하기

최근 국내의 결혼 평균 연령은 남자가 32.2세, 여자가 29.6세로 조사된 바가 있다. 10년 전과 비교하면 남자는 2.1살, 여자는 2.3살 상승한 수치이다. 이처럼 해를 거듭할수록 혼인 연령이 높아지는 원인은 어려운 취업 여건과 높아지는 주택 마련 비용 등으로 인해 경제적인 부담이 더욱 커지고 있기 때문이다. 보건복지부가 작년 전국 미혼 남녀를 대상으로 조사한 결과, 남자의 8.2%와 여자의 5.6%가 결혼을 미룬 경험이 있으며 가장 큰 이유가 경제적인 문제라고 답했다.

그렇다면 결혼 준비 자금은 얼마나 필요할까? 올해 한국소비자조사원 조사에 의하면 결혼식과 신혼여행 등 혼례를 치르는 데에만 평균 약 2,682만 원이 들었다고 한다. 여기에 주택과 혼수 장만의 비용을 더하면 평균 1억 9,677만 원의 결혼 비용이 소요된다고 한다. 그러나 이러한 결혼 과정의 본질적인 문제는 절대적인 금액이 아니라 예비부부가 느끼는 심리적 부담과 비용 분담 과정에서 생기는 스트레스이다.

그렇다면 결혼 당사자만의 능력으로 감당하기 어려우리만큼 과다한 결혼 비용을 지출하게 되는 원인은 무엇일까? 첫 번째로, 편리함을 추구하고자 하는 현대인의 생활 방식에 의해 결혼 문화가 상업화되는 추세 때문이다. 결혼은 동서고금을 막론하고 일생일대의 매우 중대하고 뜻깊은 사안임에도 불구하고 바쁜 현대인이 결혼을 준비할 시간적 여력이 충분하지가 않다. 그래서 예비부부들은 사전 지식의 부재와 넘쳐나는 정보로 인해 전문가의 도움을 구하게 된다. 그러나 이는 획일화된 결혼 문화를 양성할 뿐만 아니라 결혼이 하나의 소비문화로 전락할 수 있다는 우려를 낳기도 한다.

두 번째로, 한국에서는 아직 결혼 준비 과정에 부모의 의견이 상당 부분 개입되기 때문이다. 이는 결혼을 양가의 결합으로 보는 한국인의 전통적인 인식에서 비롯된 것으로, 혼인 당사자가 온전한 주체가 되기 이전에 부모의 결정이 우선시되기도 한다. 가령, 부모가 남자는 집을 장만하고 살림은 여자가 마련해야 한다는 부모의 의견에 따른다고 가정하자. 남자는 높은 주택비용을 부담하는 한편, 여자는 이에 상응하는 예단과 혼수를 준비하게 되어 결국 당사자의 경제 능력 이상의 결혼 비용이 발생한다.

세 번째로, 체면을 중시하는 문화와 과시적인 사회 풍조도 과도한 결혼 소비를 부추기는 데 한몫을 한다. 자신의 형편에 맞게 준비하면 좋으련마는 남들이 한만큼 다 해야 체면이 선다고 생각하여 자신이 세운 기준이 아닌 다른 사람들의 기준에 맞추어 결혼을

- 수치
- 거듭하다
- 여건
- 치르다
- 혼수
- 소요되다
- 분담하다
- 추세
- 일생일대
- 사안
- 여력
- 부재
- 획일화
- 전락하다
- 장만하다
- 상응하다
- 과시
- 풍조
- 부추기다
- 체면
- 측정하다

준비하는 경우가 바로 그것이다. 결혼식 장소나 식사 가격, 하객 수는 물론이고 예물이나 예단까지, 결혼 준비 자체가 양가의 부와 인맥을 측정하는 기준이 되기도 한다.

과소비를 지향하는 결혼 문화는 결혼식의 본래 의미를 희석하며 화목하게 시작해야 할 가정에 불화의 원인을 제공한다. 그래서 최근에는 이와 같은 부작용을 인식하여 간소하면서도 결혼의 참의미를 살리는 움직임도 있다. 그중에서 대표적인 것이 셀프 웨딩과 에코 웨딩이다.

셀프 웨딩은 결혼 준비 단계부터 결혼식 당일의 세부 순서들을 신랑 신부가 손수 준비하여 다른 이들이 경험하지 못한 단 하나뿐인 결혼식을 준비하는 것이다. 고급스러운 스튜디오가 아닌 공원이나 두 사람이 자주 가던 장소에서 지인들과 함께 촬영하고, 이에 필요한 소품들을 직접 준비한다. 예식 순서도 일반적인 관례와 다르게 주례 없는 결혼식으로 진행한다. 그 대신 신랑 신부의 부모님 중 한 분이 결혼 선배로서의 진심 어린 조언을 하고 신랑 신부는 부모님께 편지를 읽어드린다. 그동안의 성장 과정을 가장 가까이에서 지켜보신 부모님의 마음과 그 은혜에 감사하는 자녀의 마음이 하객들에게까지 전달된다.

한편 에코 웨딩은 한 번의 결혼식에 소모되는 많은 소품을 재사용이 가능한 것으로 준비하는 친환경 결혼식을 말한다. 청첩장은 재활용 종이를 사용하여 제작하고 예식장은 꽃 대신 화분으로 장식하며 웨딩드레스도 화학 섬유가 아닌 자연 섬유로 만든다. 화환 대신 쌀을 받아 예식이 끝난 후에 이 쌀을 불우이웃에게 기부하기도 한다. 또한, 많은 음식물 쓰레기를 남기는 피로연 대신에 적당한 양을 알차게 구성한 식사를 준비한다.

최근에는 이러한 결혼식을 착한 결혼식으로 부르며 인터넷을 통해 많은 정보가 공유되고 있다. 남들에게 보여주기 위한 허례허식을 줄이고 결혼의 진정한 의미를 되새기는 결혼식을 만들어 보자. 일생일대의 행사인 만큼 성대하게 치르고 싶지 않은 사람이 어디 있으랴마는 배보다 배꼽이 더 큰 결과를 낳게 될지도 모른다. 그러므로 시대에 맞게 재해석한 나만의 결혼식, 거품을 뺀 실속 있는 결혼식을 통해 두 사람이 하나가 되는 일생의 가장 중요한 결혼의 의미를 되찾아 보는 것은 어떨까?

- 지향하다
- 희석하다
- 불화
- 간소하다
- 소모하다
- 알차다
- 허례허식
- 되새기다
- 재해석하다
- 거품을 빼다

1. 이 글을 쓴 목적이 무엇입니까?

2. 이 글에서 미혼 남녀의 결혼 시기가 늦어지는 이유를 찾아 쓰십시오.

3. 결혼비용이 과도하게 지출되는 원인으로 알맞은 것을 고르십시오. (　　　　)

① 결혼을 준비하는 예비부부 수의 증가
② 다른 이들의 시선을 중요하게 여기는 태도
③ 무리한 주택 마련 비용 지출과 생활비 마련
④ 높아진 혼인 연령에 비례하는 사회적인 기대

4. 최근에 생겨난 결혼 문화와 그 특징을 위 글에서 찾아 정리해 보십시오.

1)	
2)	

5. 여러분이라면 어떤 결혼식을 하고 싶은지 친구들과 함께 이야기해 보십시오.

문법 및 표현

1. N을/를 막론하고

: 이것저것 따지거나 가려 말하지 않음을 나타낸다.

- 그녀의 노래는 남녀노소를 막론하고 모두가 좋아한다.
- 사건의 관련자는 지위의 고하를 막론하고 모두 처벌되었다.
- 동서고금을 막론하고 모든 여성은 아름다워지고 싶어 한다.

2. V-(으)랴마는

: 추측한 앞의 내용을 인정하되 그것이 뒤의 내용에 영향을 미치지 않음을 나타낸다.

- 네가 돈을 벌면 얼마나 벌랴마는 한번 열심히 일해 봐라.
- 이 세상에 힘들지 않은 일이 있으랴마는 이 일은 정말 힘이 들었다.
- 피곤하다면 누가 못 쉬게 하랴만 로빈은 피곤한 내색을 하지 않았다.

듣고 말하기2 606

- 기리다
- 기원
- 유래
- 웃어른
- 예
- 혼령
- 여기다
- 불효자
- 낙인
- 찍히다
- 근본
- 불효막심하다

다음은 라디오 프로그램입니다. 잘 듣고 질문에 답하십시오.

1. 제사를 지내는 이유는 무엇입니까?

2. 제사의 정치적인 의미는 무엇입니까?

3. 조선의 정치 체제에 가장 영향을 준 사상은 무엇입니까? (　　　　)

① 불교사상　② 도교사상　③ 유교사상　④ 무속신앙

4. 이 글의 내용과 일치하는 것을 고르십시오. (   )

① 사람들은 제사의 기원과 유래에 대해 알고 있다.

② 오늘날 제사를 간소화하거나 지내지 않는 사람들이 많다.

③ 인류학자들은 한국의 제사 풍속이 사라질 것으로 예측하고 있다.

④ 가문에서 절대적인 권력을 가지고 있는 사람이 제사를 주관하였다.

5. 여러분 나라에서는 어떤 방식으로 돌아가신 분을 추모를 하는지 이야기해 보십시오.

6. 오늘날 변화하는 관혼상제에 대해 조사하고 발표해 보십시오.

보기			
	과거	현재	미래
관			
혼			
상	부모님이 돌아가시면 집에서 5~7일 동안 삼베로 지은 상복을 입고 문상을 온 문상객들을 맞이했다.	병원이나 종교단체, 장례업체 등에서 장례를 맡아 주며 절차도 예전에 비해 비교적 간단해졌다.	온라인 인터넷 상에서 고인을 기리며 추모하는 공간이 있으며 고인에 대한 정보와 추억이 담긴 사진도 올린다.
제			

- 손가락질을 받다
- 의례
- 통치하다
- 가부장제
- 권위
- 엳다
- 추도하다
- 간소화하다
- 체제

문법 및 표현

1. V-ㄴ/은/는 이상

: '이미 그렇게 된 것이라면' 의 뜻으로 쓰인다.

- 이왕 물러나기로 결심을 굳힌 이상 더 기다릴 필요가 없다고 판단했어요.
- 노동 운동가라 할지라도 근로자가 아닌 이상 노동조합의 구성원이 될 수 없다.
- 그 사람과 살고 싶은 이상 부모님을 만나 뵙는 것을 더 이상 미룰 수는 없다.
- 그것이 문학의 본질인 이상 중요하게 다루지 않을 수 없다.

2. V-ㄹ/을 터이다

: 'V-ㄹ/을 것이다' 의 예스러운 말투로 미래의 추측, 예정 의지를 나타낸다.

- 내일 갈 터이니 그리 알아라.
- 심해에는 수천 종의 생물들이 살고 있을 터이다.
- 이실직고하지 않고서 애를 먹이면 여기서 혼을 낼 터이다.

쓰고 말하기

나의 인생을 미리 계획한다면 행복하게 살아갈 수 있을 것입니다.
나의 인생 설계도를 만들어 보십시오.

나의 인생 설계도

갖고 싶은 것	하고 싶은 일	본받고 싶은 인물
• 박사 학위 • 좋은 직업 • 전원주택 • 훌륭한 언변	• 소외 받는 어린 친구 상담 • 부모와 자녀 교육 • 가족 상담 전문가	• 틱낫한(Thich Nhat Hanh) 스님 • 중학교 수학 선생님 • 신사임당

나의 목표						
20대	30대	40대	50대	60대	70대	80대
• 학사 학위 • 석사 학위 • 직업 찾기 • 다양한 경험	• 학업 열중 • 중국어 공부 • 결혼, 출산 • 박사 학위	• 열정적인 강의 • 몽골어 공부 • 봉사 활동 • 교재 편찬	• 후학 양성 • 책 쓰기 • 봉사 활동 • 노후 준비	• 후학 양성 • 외국어 공부	• 전원생활 • 책 쓰기 • 세계 여행	• 전원생활 • 기부 • 두려움 없는 죽음 준비

나의 마음가짐	
1. 부지런해지기	6. 작은 일에도 감사하기
2. 꾸준히 책읽기	7. 긍정적으로 생각하기
3. 초심을 잃지 않기	8. 목표를 실천하기
4. 포기하지 않기	9. 반성의 시간을 갖기
5. 모든 일을 적극적으로 하기	10. 다른 사람 칭찬하기

※ 인생의 좌우명 : 제 갈 길을 아는 사람에게 세상은 길을 비켜준다.

나의 설계도 개요 쓰기

나의 인생 설계도

갖고 싶은 것	하고 싶은 일	본받고 싶은 인물

나의 목표						
20대	30대	40대	50대	60대	70대	80대

나의 마음가짐	
1.	6.
2.	7.
3.	8.
4.	9.
5.	10.

※ 인생의 좌우명 :

통합 활동

다음의 결혼식 순서에 따라 친구들과 역할을 정해서 결혼식을 올려 보십시오.

우리 결혼했어요!

등장인물 사회자, 신랑, 신부, 주례자, 신랑 부모님, 신부 부모님, 친구들(부케, 축가), 손님들

1. 결혼식 시작 알림

잠시 후 신랑 OOO 군과 신부 OOO 양의 결혼식이 진행될 예정이오니 내빈 여러분께서는 식장 안에 마련된 좌석에 착석해 주시기 바랍니다.
지금부터 신랑 OOO 군과 신부 OOO 양의 결혼식을 거행하겠습니다.
저는 사회를 맡은 OOO입니다. 오늘 주례는 OOO 선생님께서 해 주시겠습니다.

2. 촛불 켜기

먼저 양가 어머님께서 신랑 신부의 앞날을 환하게 밝혀주는 화촉점화를 진행해주시겠습니다.
양가 혼주 입장!

3. 신랑 입장

다음은 신랑 입장이 있겠습니다. 힘찬 박수로 신랑을 맞이하여 주십시오. 신랑 입장!

4. 신부입장

이제 오늘의 주인공인 아름다운 신부의 입장이 있겠습니다. 뜨거운 박수 부탁드립니다.
신부 입장!

5. 혼인 서약

이어서 주례선생님께서 신랑 신부로부터 혼인 서약을 받는 순서가 있겠습니다.
신랑 오늘 이 시간 나 OOO는 사랑하는 신부 OOO를 아내로 맞이하여 언제나 당신을 사랑하며 당신과 함께 할 수 있음에 감사하며 살아가겠습니다. 또한, 위로는 부모님을 공경하고 아래로는 자식에게 존경받으며 사랑이 충만한 가정을 만들어 나가도록 노력할 것을 이 자리에 계신 분들 앞에서 굳게 서약합니다. 신랑 OOO.
신부 오늘 이 시간 나 OOO은 사랑하는 신랑 OOO를 남편으로 맞이하여 언제나 당신을 사랑하며 당신과 함께 할 수 있음에 감사하며 살아가겠습니다. 또한, 지혜로운 마음으로 은혜를 베풀되 원망치 않으며 태연하되 교만하지 않으며, 현명한 아내가 되어 사랑으로 가득 찬 가정을 만들어 갈 것을 이 자리에 계신 분들 앞에서 굳게 서약합니다. 신부 OOO.

6. 성혼선언문 낭독

주례 이제 축복 속에 사랑하는 신랑 OOO군과 신부 OOO양은 그 일가친척과 친지, 동료를 모신 자리에서 일생동안 고락을 함께 할 부부가 되기를 굳게 서약하였습니다. 이에 이 혼인이 원만하고 진실하게 이루어진 것을 여기 계신 모든 분들 앞에서 엄숙하게 선언합니다.

7. 주례사

사회자 이제 주례 선생님을 모시고 주례사를 듣겠습니다.

주례 여기 두 사람이 많은 축복 속에서 사랑의 결실을 맺게 되었습니다. 신랑 신부가 이 자리에 서기까지 정성껏 키워주신 양가 어르신께 축하드립니다. 더불어 두 사람을 축복하기 위해 자리하신 내빈 여러분께도 깊이 감사드립니다. 깊은 사랑을 통해 부부의 연을 맺은 두 사람인 만큼 앞으로도 잘 해나가리라 믿어 의심치 않지만 인생의 선배이자 결혼의 선배로서 그동안 살아오며 느낀 점 몇 가지를 당부하고자 합니다.

먼저, 서로 존중하고 배려하는 부부가 되었으면 합니다. 부부가 오랜 세월을 함께하다 보면 때론 상대에게 소홀하게 될지 모릅니다. 하지만 신랑, 신부가 사랑으로 서로를 이해하고 존중함은 물론이고, 먼저 베풀겠다는 배려의 마음을 갖는다면 오랜 세월 행복한 가정을 이뤄갈 수 있을 것입니다.

두 번째로, 웃어른을 공경하는 마음을 가져야 합니다. 두 사람의 오늘을 만든 바탕에는 부모님의 헌신적인 노력이 있었다는 사실을 기억해야 합니다. 또한 친지와 선배 등 많은 사람들 역시 두 사람을 아껴주었음을 잊지 말아야 합니다. 이런 고마운 사람들에게 존경하고 공경하는 마음을 갖춘다면 결국 두 사람에게 더 큰 복이 되어 돌아올 것입니다.

이는 새롭게 출발하는 두 사람에게 꼭 부탁하고 싶은 것들입니다. 오늘은 참 기쁜 날입니다. 신랑과 신부는 축복된 지금 이 순간을 영원히 기억하시기를 바랍니다. 이렇게 하나 되는 두 사람을 다시 한 번 축하하고, 평생토록 행복한 부부가 되기를 부탁드리며 이만 주례사를 마치겠습니다. 감사합니다.

8. 축가

신랑 신부의 앞날을 축복하는 의미의 축가가 있겠습니다. 축가는 신랑 신부가 함께 공부했던 인하대학교 언어교육원 친구들이 준비했습니다.

9. 부모님께 인사

신랑과 신부는 부모님을 향해 서 주시기 바랍니다. 지금까지 신랑 신부를 낳아주시고 키워주신 양가 부모님께 인사를 드리겠습니다. 신부 부모님께 인사, 신랑 부모님께 인사.

10. 오신 손님께 인사

신랑, 신부의 결혼을 축하하기 위해 이 자리를 빛내 주신 여러분께 감사의 인사가 있겠습니다. 신랑, 신부. 인사!

11. 신랑 신부 행진

이제 결혼식의 마지막 순서로 신랑 신부 행진이 있겠습니다. 두 사람의 희망찬 출발을 위해 다시 한 번 뜨거운 박수 부탁드립니다. 신랑 신부 행진!

12. 폐회식

이것으로 신랑 OOO 군과 신부 OOO 양의 결혼식을 마치도록 하겠습니다. 사진 촬영이 있을 예정이오니 친지, 친구 여러분께서는 잠시 자리를 지켜 주시고, 손님 여러분들께서는 마련된 피로연을 즐겨 주시기 바랍니다.

13. 단체 사진 촬영

나만의 혼인서약을 써 보십시오.

5. 혼인 서약

이어서 주례선생님께서 신랑 신부로부터 귀중한 혼인 서약을 받는 순서가 있겠습니다.

신랑 / 신부

____

____

____

____

____

____

____

____

____

____

__________________________________ 굳게 서약합니다.

신랑/ 신부 ____________________

문화산책

다음 글을 읽고 변화하는 장례문화에 대해 함께 이야기해 보십시오.

사람은 태어나면 누구나 늙고 병들며 결국에는 죽게 마련이다. 죽음은 생명을 가진 것이라면 반드시 마주할 수밖에 없는 자연의 이치이다. 예로부터 우리 조상들은 상례를 매우 중요한 일로 여겨 왔다. 죽음을 본래 왔던 곳으로 영혼이 되돌아가는 것이라고 생각한 까닭에 사람의 죽음을 두고 흔히 '돌아가셨다' 고 표현하였다. 산 사람은 저 세상으로 떠난 사람을 위해 명복을 빌며 무덤을 만들어 주어야 하기에 슬프고 괴로워도 마냥 울고만 있을 수 없었다. 이런 이유로 살아 있는 사람들은 죽은 사람을 위해 예를 갖추기 시작했는데 이것을 바로 '상례' 라고 하고 시신을 묻거나 화장하는 의례를 '장례' 라고 한다.

상례와 장례는 인생의 마지막 관문으로 치르는 통과의례이다. 상례가 고인을 정중히 모시는 절차인 만큼 그 예 또한 아주 중요하다. 이는 우리나라뿐만 아니라 전 세계의 공통적인 현상이고 우리나라의 장례식은 고인이나 가족의 종교에 따라 그 의식이 달라지는 바, 흔히 전통적인 유교의식에 따라 거행되고 있다. 따라서 직계 자녀나 형제들은 누렇거나(옛날 베옷) 하얀(오늘날) 상복을 입고, 조문객들은 검은 옷을 입는 것이 예의이다.

예전에는 사람이 죽으면 길게는 삼년상을 치르기도 하였다. 하지만 1690년대 말부터 장례 규범들이 간소화되어 오늘날에는 보통 삼일장을 많이 한다. 대개 장례라고 하면 고인을 땅에 모시는 매장을 떠올리지만 이런 장례 문화를 보편화한 것은 조선 시대 이후의 일이다. 조상들이 사후에도 무난하게 생활하기를 바랐던 유교 문화권에서 흙으로 만드는 토장 즉, 매장(埋葬)이 두드러지게 많이 나타났다. 한국에서는 신라 시대에서부터 고려 시대에 걸쳐 불교와 유교가 혼합된 장례가 행해지다가 고려 말부터 불교의식은 사라지고 유교의식만 남게 되었다. 특히 한국이 매장이 많은 까닭은 전통적인 유교사상과 풍수사상에 의해 명당과 길지를 선호하는 오랜 관습 때문이다. 그러다 보니 한국의 장묘 문화의 주(主)는 매장이다. 유교문화를 바탕으로 하는 장묘는 큰 사회문제로 등장하게 되는데 그것이 바로 묘지 때문에 산 사람들이 사용할 땅이 줄어들고 있다는 것이다. 게다가, 예전에는 지역적으로 촌락 단위에서 품앗이 식의 상부상조가 이루어졌으나

1990년대 이후 산업화, 도시화된 사회적 여건도 장례의 변화에 많은 영향을 끼치게 되어 오늘날에는 이를 대행해주는 전문 장례 회사까지 등장하게 되었다. 이와 함께 정부 역시 화장장례정책을 적극적으로 시행함에 따라서 화장 문화가 빠르게 확산되고 있다. 그러나 지나치게 이익을 추구하는 상업적 목적을 띠다 보니 부작용에 대한 우려도 적지 않다.

제4과 인천의 명소

학습 주제
인천의 명소

학습 목표
인천의 명소와 문화를 소개할 수 있다.

어휘 학습
명소 관련 어휘

듣고 말하기
인천 여행 관련 대화
인천의 명소 인터뷰

읽고 말하기
강화도 여행 칼럼

쓰고 말하기
조사 결과 발표

문법 및 표현
V-지 않고서는 (V-ㄹ/을 수 없다), V-다 보니 그로 인해,
V-ㄴ/는댔자, V-겠거니 (하다), V-ㄹ/을지언정

통합 활동
설문조사

문화 산책
석모도 가는 길

4 인천의 명소

들어가기

1. 여러분이 외국인 친구에게 추천하고 싶은 인천의 명소는 어디입니까?

2. 여러분이 알고 있는 인하대학교의 명소를 찾아 친구들과 이야기해 보십시오.

듣고 말하기1 607

두 사람이 대화하고 있습니다. 잘 듣고 질문에 답하십시오.

1. 두 사람은 무엇에 대해 이야기하고 있습니까?

2. 다음 중 내용과 같은 것을 고르십시오. (　　　　)

① 왕루는 월미도에서 본 환상적인 야경에 반했다.
② 마이클은 평소에 월미도에 자주 가는 편이었다.
③ 월미도는 해가 지는 풍경이 아름답기로 유명하다.
④ 마이클은 왕루에게 월미도에 다녀오라고 추천했다.

3. 여러분이 알고 있는 낙조 혹은 야경이 아름다운 장소는 어디입니까?

1. V-지 않고서는 (AV-ㄹ/을 수 없다)
: 앞의 내용이 전제되지 않으면 뒤의 내용이 불가능함을 나타낸다.

- 부모가 되지 않고서는 부모의 마음을 헤아릴 수 없다.
- 요즘은 자기분야에 미치지 않고서는 살아가기 힘든 세상이다.
- 지속적으로 자기 개발을 하지 않고서는 미래를 장담할 수 없을 것이다.

- 수준급
- 비행기를 태우다
- 낙조
- 헤아리다
- 지속적

어휘 학습

1. 다음은 인천의 대표 관광지에 대한 글입니다. 글을 읽고 빈칸에 알맞은 말을 찾아 쓰십시오.

정취	낙조	장관	명소

인천 앞바다가 훤히 보이는 월미도는 섬과 바다, 산 그리고 전통이 한데 어우러진 인천의 대표적인 관광 1) (　　　　　)(으)로 주말은 물론 평일에도 많은 관광객들이 월미도를 찾는다. 최근 월미산 정상에 새로운 명물이 탄생해 사람들의 발길이 이어지고 있다.

특히 가을의 아름다운 바다의 2) (　　　　　)을/를 한껏 즐길 수 있는 10월과 11월에는 많은 사람들이 이곳을 찾고 있다. 이곳에서는 인천 앞바다는 물론 인천항과 인천 도심을 한눈에 담을 수 있다. 그뿐만 아니라 인천대교 뒤로 펼쳐지는 서해의 3) (　　　　　)은/는 그야말로 4) (　　　　　)이다.

붐비다	만끽하다	즐비하다	유래되다	각광받다

소래포구는 언제나 삶의 활력이 넘치는 곳으로 볼거리, 먹을거리, 즐길 거리를 골고루 갖춘 매력적인 여행지다. 소래포구라는 지명은 지형이 좁고 소라처럼 생겼다는 데에서 5) (　　　　　). 뭐니 뭐니 해도 소래포구는 해산물이 풍부해서 주변에 조개구이집들이 6) (　　　　　) 평일인데도 어깨가 부딪힐 정도로 사람들이 많고 주말만 되면 싱싱한 해물을 맛보려는 손님들로 항상 7) (　　　　　).

매년 가을에 열리는 소래포구 축제에서는 어시장의 다양한 볼거리로 관광객들에게 8) (　　　　　)고 있으며, 특히 가족과 연인들이 서해의 아름다움과 포구의 낭만을 9) (　　　　　)기에 그만이다.

2. 다음은 풍경과 경치와 관련된 관용 표현입니다. 상황에 어울리는 표현을 써 보십시오.

한눈에 들어오다	입이 벌어지다	손색이 없다	감회가 새롭다

1) 가: 정동진에는 잘 다녀왔어요?

나: 네, 새해를 맞아 첫 해돋이를 감상하려고 갔는데요, 새벽길을 달려온 인파에

____.

2) 가: 다음 달에 여름 휴가를 가려고 하는데 추천할 만한 곳 없을까요?

나: 석모도는 어때요? 주변에 숙박시설이나 편의시설이 잘 갖추어져 있어

가족 휴양지로 __________________________________.

3) 가: 오랜만에 고향에 갔다 왔는데 옛날 건물이 없어지고 새로운 건물이 들어서는 것을 보니까 __________________________________.

나: 그렇죠? 저도 지난주에 남편과 자주 데이트를 했던 해운대에 갔는데 느낌이 남달랐어요.

4) 가: 서울 야경이 ________________________은/는 곳이 없을까요?

나: 야경을 보려면 남산타워가 제일이지요.

3. 다음의 한자성어와 관계있는 말을 연결해 보십시오.

1) 인산인해 •	• 가)	여학생들은 저렇게 서너 명이나 대여섯 명씩 짝지어 다니는 걸 좋아하는 것 같아요.
2) 명불허전 •	• 나)	해수욕장은 폭염을 피해 바다를 찾은 사람들로 발 디딜 틈이 없었어요.
3) 문전성시 •	• 다)	그 식당의 맛과 분위기는 소문으로 듣던 대로 최고였어요.
4) 삼삼오오 •	• 라)	저 빵집은 찾아오는 사람이 많아서 늘 문 앞에까지 저렇게 줄 서 있더라고요.

4. 빈칸에 알맞은 관용표현을 찾아 써 보십시오.

금강산도 식후경	게 눈 감추듯	싼 게 비지떡

1) 따뜻한 밥에 매운 고추와 애호박을 썰어 넣고 된장국을 보글보글 끓여 고추장에 쓱쓱 비벼서 ______________________________ 밥 한 공기를 다 비웠다.

2) ______________________________(이)라고 여행 상품의 가격이 낮으면 낮을수록 현지에서 추가 비용을 내야하는 경우가 많은 편이다.

3) ______________________________(이)라 했던가. 청명한 가을 하늘과 고운 단풍 구경도 좋지만 배에서 꼬르륵 소리가 나기 시작하면 그 감동이 반감되는 것 아닌가.

읽고 말하기

우리는 평범한 일상을 뒤로 한 채 가끔은 낯선 자유를 꿈꾸기도 한다. 아무것도 하지 않고 초겨울의 맑은 공기를 가슴 깊이 담아 걷고 먹고 즐기는 것. 새롭게 시작되는 계절에 마음을 열고 추억을 담고자 소박한 여행을 떠났다.

언젠가 친구에게 우연히 들은 전등사의 흥미로운 이야기가 문득 떠올라 차일피일 미뤘던 강화도로 여행을 갔다. 강화도는 한국의 역사를 고스란히 담고 있어 지붕 없는 박물관이라고 불린다. 강화도는 세계문화유산에 등재된 고인돌 공원을 비롯해 고려 시대부터 조선 시대까지 전란의 전초지역이었고 강화도 북단은 지금도 북한과 얼굴을 맞대고 있는 접경지역이다. 역사를 한눈에 살필 수 있는 강화도는 깊은 역사만큼 문화유적들도 다양하다.

- 소박하다
- 차일피일
- 고스란하다
- 등재되다
- 고인돌
- 전란

가장 먼저 찾은 곳은 한국에서 현존하는 가장 오래된 사찰인 전등사이다. 전등사는 화려한 듯하지만 정갈하고 우아함이 돋보이는 사찰이었다. 여기는 여느 사찰들과는 달리 성문을 통해 안으로 들어간다. 성문을 통과하여 낙락장송이 우거진 길지 않은 흙길을 걸으니 도심을 벗어났음을 실감할 수 있었다. 대웅전을 보자마자 친구가 이야기해 준 전설 속의 여인상이 떠올랐다. 고개를 들어서 우아한 자태의 처마를 요리조리 살펴보았는데 대웅전 추녀의 네 모서리 기둥에서 독특한 조각을 발견할 수 있었다. 바로 처마를 떠받들고 있는 '나부상'이다. 이것은 절을 짓던 목수가 사랑을 배반하고 도망간 여인에게 배신감과 분노를 느껴 그 여인을 생각하면서 만들었다고 한다. 대웅전 네 군데 처마 밑을 벌거벗은 여인상이 추녀를 떠받들고 있었다. 여기에는 나쁜 짓을 경고하고 죄를 씻게 하고자 하는 의미가 담겨 있다고 한다. 위엄과 기품, 오랜 역사를 간직한 대웅전에서 이런 설화를 마주하니 사찰을 둘러보는 재미가 더욱 풍성해지면서 다시금 사방의 경치에 시선을 빼앗겼다.

금강산도 식후경! 점심때가 되니 여지없이 배가 고팠다. 서둘러 전등사에서 내려와 친구가 알려 준 식당으로 점심을 먹으러 갔다. 강화도에는 순무가 유명하다고 들었는데 아니나 다를까 식당에 가니 순무로 담은 김치가 나왔다. 강화도에 가면 꼭 순무 김치를 먹어야 한다길래 김치가 맛있댔자 얼마나 맛있겠나 싶었다. 그런데 순무 김치를 한 입 베어 먹는 순간 그 아삭하고 시원한 맛에 반할 지경이었다. 순무 김치도 시원하게 맛있거니와 밥 한 공기를 뚝딱 먹게 하는 '밥도둑' 꽃게장은 짜지도 않고 담백한 맛이 일품이

- 현존하다
- 정갈하다
- 우아하다
- 돋보이다
- 낙락장송
- 실감하다
- 자태
- 처마
- 모서리
- 목수
- 배반하다
- 분노
- 벌거벗다
- 위엄
- 기품
- 간직하다
- 사방
- 뚝딱
- 담백하다

었다. 게 속살을 알뜰히 발라먹고 게딱지에 밥을 쓱쓱 비벼 먹으니 얼굴에 행복한 웃음이 번졌다. 숟가락 놓기가 무척 아쉬웠지만 그렇게 허기진 배를 채우고 나니 다음 행선지로 향하는 발걸음이 한결 가벼워졌다.

나는 강화 읍내로 나와 고려궁지를 둘러보았다. 고려 궁지는 고려 시대 궁궐이 있던 곳으로 몽고의 침략에 대항하기 위해 수도를 강화로 옮긴 후 이곳에 궁궐을 건립하였다고 한다. 이는 육지에서만 전쟁을 경험한 몽고가 해전에는 약했기 때문이라고 한다. 그렇게 39년간 사용되었으나 전쟁 통에 거의 불타버렸고 지금은 건물 몇 채만 남아 자리를 지키고 있어 안타까울 따름이었다. 힘의 논리를 보여주는 이 역사의 현장을 보면서 과거의 역사를 통해 삶의 지혜를 배우고 미래에 우리가 어떻게 해야만 잘 살아갈지, 후손들에게 우리의 역사를 어떻게 잘 물려 줄 수 있을지를 생각하게 되었다.

고려궁지에서 뚜벅뚜벅 걸어 내려오다 왼쪽으로 고개를 돌렸는데 팔작지붕 건물이 시야에 들어왔다. 일정에 없던 곳이었지만 나도 모르게 발길이 그쪽을 향하고 있었다. 그곳은 1900년에 건립된 성공회 강화성당으로 전통적인 한옥 구조물과 서양의 기독교식 건축 양식이 절충된 성당이었다.

굳게 닫혀 있는 내부를 문틈으로 보고 있으니 성당을 관리하시는 분께서 성당 안을 구경시켜 주시겠다고 하셨다. 동양적인 외부의 모습과 달리 성당의 내부는 서양의 바실리카 양식을 따랐다는데 고즈넉하면서도 웅장한 분위기를 자아냈다. 마치 동양과 서양의 질서가 조화롭게 공존하고 서로 받쳐 주고 있는 느낌이랄까? 아마도 그때 사람들이 여러 나라의 침략을 거치면서 외래 문물이나 종교에 대한 거부감이 크다 보니 그로 인

- 허기지다
- 행선지
- 읍내
- 침략
- 대항하다
- 건립하다
- 해전
- 뚜벅뚜벅
- 구조물
- 양식
- 절충하다
- 고즈넉하다
- 웅장하다

해 전통 건축 양식을 따라 지은 것이 아닐까 하는 생각이 들었다.

이렇게 돌아본 강화도의 유적지는 인간의 희로애락과 역사의 아픔을 살펴볼 수 있는 곳이었다. 과거는 현재의 열쇠라고 하지 않았던가? 나를 위한 짧은 휴가로 일상에서 지친 몸을 쉬게 하고 강화도에서 자연의 향기를 한껏 맡으니 그간 쌓였던 스트레스가 말끔히 날아갔다. 겨울이 조금 길어도 좋을 만큼 곧 다가올 겨울을 환하게 웃으며 마주할 용기가 생겼다.

1. 이 글에서 제시되지 <u>않은</u> 이야기를 고르십시오. (　　　　　)

① 여행을 떠난 이유　　② 전등사의 역사

③ 강화도의 먹을거리　　④ 성당의 건축 양식

2. 왜 강화도를 지붕 없는 박물관이라고 합니까?

3. 대웅전 추녀의 네 모서리 기둥에서 발견한 것은 무엇입니까? 그것은 왜 만들어졌습니까?

4. 고려 시대에 수도를 강화로 옮긴 이유는 무엇입니까?

• 희로애락
• 말끔하다

5. 이 글을 읽고 작가가 찾아간 명소의 일정을 따라 그 특징과 작가의 생각을 정리해 보십시오.

전등사	→	고려궁지	→	강화성당

6. 여러분 나라의 명소를 친구들에게 간략하게 소개해 보십시오.

문법 및 표현

1. V-다 보니(까) 그로 인해

: 앞의 어떤 이유나 원인으로 인해서 뒤의 어떤 결과가 나왔음을 나타낸다.

- 그 식당에 자주 가다보니 그로 인해 식당 주인과 친분이 두터워졌습니다.
- 남성은 결혼 비용의 부담이 크다 보니 그로 인해 결혼을 미루는 경향이 있다.
- 두 사람이 맞벌이를 하는 상황이다 보니 그로 인해 집에서 대화를 나눌 시간이 부족하여 갈등이 깊어진 건 아닐까요.

2. V-ㄴ/는댔자

: 'V-ㄴ/는다고 했자'의 줄임말로 앞 문장을 인정한다고 해도 결과가 기대에 못 미치거나 별것이 아님을 나타낸다.

- 그 사람이 돈이 많댔자 얼마나 많겠어요.
- 그가 이런 글을 발표한댔자 회사의 이미지를 어찌 되돌려놓을 수 있겠는가?
- 정부가 해마다 수천억 원의 예산을 쏟는 노인 일자리 사업이랬자 공공근로의 고용 인원을 늘리는 것이 고작이다.

듣고 말하기2 608

다음은 인천의 명소를 소개하는 방송입니다. 잘 듣고 질문에 답하십시오.

- 근대
- 탐방
- 상설
- 선보이다
- 개화기
- 드나들다
- 기호
- 강력하다
- 향수
- 고심하다
- 듬뿍
- 군침
- 정착하다
- 흔하다
- 텅텅
- 손이 가다
- 살리다
- 사랑방
- 톡톡하다
- 문물

1. 리포터는 무엇에 대해 소개하고 있습니까?

2. 이 시장의 역사에 대한 설명으로 맞지 않은 것을 고르십시오. (　　　　)

① 이 시장은 인천의 대표적인 재래시장이다.

② 일본인들이 가져온 각종 생선을 판 곳이다.

③ 이 시장은 다양한 신문물과 신문화를 제공하였다.

④ 최근에 역사 탐방을 위해 많은 관광객들이 찾는 곳이다.

⑤ 인천항이 열리면서 경제, 금융, 문화의 중심지가 되었다.

3. 이 시장에는 어떤 먹을거리가 있으며 그 음식들이 유명해진 배경은 무엇입니까?

시장의 먹을거리	유명해진 배경
1)	
2)	

4. 이 시장에는 어떤 볼거리가 있습니까?

시장의 볼거리	특징

5. 여러분 고향에 있는 전통 시장의 유명한 먹을거리와 볼거리를 친구들에게 소개해 보십시오.

문법 및 표현

1. V-겠거니 (하다)

: 앞 문장의 내용을 미리 짐작하거나 단정하여 뒤 문장의 어떤 행동을 함을 나타낸다.

- 여행을 간 아들에게서 편지가 오겠거니 했는데 열흘이 다 되어 가는데 소식이 없네요.
- 안부전화를 하고 싶어도 바쁘겠거니 생각하고 일부러 연락을 안했는데 그런 일이 있을 줄은 몰랐네요.
- 단순한 감기이겠거니 했는데 생각보다 심각한 것 같아요.

2. V-ㄹ/을지언정

: 앞 문장에서 부정적인 상황을 가정하면서 뒤 문장의 내용을 강조할 때 사용한다.

- 나는 실패할지언정 후회는 하지 않는다.
- 누구나 예상하는 결과일지언정 일단 시도라도 해 봐야 되지 않겠어요?
- 다이어트 약의 부작용이 심각할지언정 그 인기만큼은 쉽사리 사그라지지 않을 것이다.

쓰고 말하기

여러분이 직접 조사한 결과를 바탕으로 발표문을 작성해 보십시오.

외국인들이 꼽은 인천 최고의 명소는 '월미도'

인하대학교 언어교육원 유학생들이 11월 외국인 1,849명(영어권 534명, 중어권 1,080명, 일어권 235명)을 대상으로 '인천의 가장 매력적인 명소' 에 대해서 설문조사를 실시했다.

설문 조사 결과, 외국인들이 꼽은 인천 최고의 명소는 '월미도' 로 나타났다. 그 다음으로 부평과 차이나타운이 뒤를 이었다.

인천 최고의 명소로 월미도 (월미도에서 유람선을 타고 야경 즐기기)를 선택한 외국인은 전체 1,849명 중 295(16%)명으로써 이중 영어권 44명, 중어권 241명, 일어권 10명으로 나타나 특히 중어권 외국인들의 월미도 선호도가 높았다.

그 다음 부평(지하상가 쇼핑 투어)이 13.4%(247명), 차이나타운(다양한 먹을거리와 이국적인 풍경 감상하기)이 10.9%(201명) 순으로 많았다. 1위를 차지한 '월미도'를 인천의 최고 명소로 선정한 외국인들은 유람선을 타고 멋진 야경을 볼 수 있다는 점을 높이 평가했다.

2위 '부평' 은 패션과 쇼핑을 하기에 편리하고 특히 국내 다양한 브랜드의 화장품 가게는 물론 카페, 일반식당, 길거리 음식 등 다양한 먹을거리가 한 자리에 있어, 쇼핑도 하고 한국 음식을 즐기느라 지루할 틈이 없다고 했다. 3위 차이나타운은 역사와 전통, 이국적인 풍경과 다양한 먹을거리가 있는 곳이라고 밝혔다.

뒤이어 강화도의 문화 유적지 탐방(10.2%, 189명), 석모도에서 갯벌체험(5.4%, 99명), 송도에서 도시적인 분위기에서 연인과 데이트하기(5.3%, 98명), 소래포구에서 조개구이 먹기(5.2%, 97명) 순으로 나타났다.

언어권별로 선호하는 인천의 명소와 경험도 달랐는데 영어권에서는 차이나타운(1위, 16.7%), 강화도(2위, 8.2%), 부평(3위, 7.5%)순, 중어권은 월미도(1위, 22.3%), 차이나타운(2위, 17.2%), 송도(3위, 9.2%)순, 일어권은 부평(1위, 23.8%), 월미도(2위, 15.7%), 차이나타운(3위, 8.9%)순으로 나타났다.

이번 조사는 외국인이 선호하는 명소는 물론 그 곳에서 하고 싶은 체험을 함께 조사했다. 이러한 조사 내용은 인천의 명소를 널리 알리는 데에 적극 활용될 것이고 앞으로 외국인을 위한 다양한 체험 개발 방안에도 도움을 줄 수 있을 것으로 기대한다.

통합 활동

다음의 주제 중에서 하나를 골라 설문조사 개요를 작성하고 설문조사를 해 보십시오.

1. 설문조사의 주제를 정해 보십시오.

외국인이 꼽은 인천 최고의 데이트 명소는?	외로울 때 가장 위로가 되는 한국 음식은?
외국어를 공부할 때 가장 효과적인 방법은?	가장 좋아하는 한국의 텔레비전 프로그램은?

2. 설문조사의 진행을 계획해 보십시오.

조사명: 외국인이 꼽은 인천 최고의 데이트 명소에 대한 설문 조사	
1. 조사 주제	인천 최고의 데이트 명소
2. 조사 목적	외국인이 선호하는 데이트 명소를 조사하여 인천의 명소를 널리 알리는 데 적극 활용할 계획
3. 조사 기간	20○○년 ○○월
4. 조사 장소	인천광역시
5. 조사 대상	인천에 거주하는 외국인 미혼 남녀
6. 조사 방법	1:1 전화 조사

3. 설문지를 만들어 보십시오.

– 설 문 지 –

안녕하십니까? 저희는 한국에 살고 있는 외국인을 대상으로 외국인이 꼽은 인천 최고의 데이트 명소가 어디인지 조사하고자 합니다. 다음 질문을 잘 읽고 성실하게 답변하여 좋은 자료가 될 수 있도록 협조해 주시기 바랍니다.

• 나이 : ______________________

• 국적 : ______________________

1. 인천에 가 본 적이 있습니까?

(1) 예 (2) 아니요

('예' 라고 답한 사람은 2번으로, '아니오' 라고 답한 사람은 4번으로 가십시오.)

2. 인천의 데이트 명소로 어디가 가장 좋을까요?

3. 위의 장소를 데이트 명소로 꼽은 이유는 무엇입니까?

4. 특별히 가보고 싶은 인천의 명소는 어디입니까?

·

·

·

– 답변해 주셔서 고맙습니다. –

4. 다양한 설문조사 방법으로 인터뷰를 해 보십시오.

5. 설문조사 결과를 정리 및 분석하여 발표해 보십시오.

문화 산책

석모도 가는 길

석모도는 한국의 3대 낙조 풍경으로 유명한 곳 가운데 하나인데, 3대 낙조 장소는 변산반도, 안면도, 석모도를 일컫는다. 이들 바다의 특징은 썰물 때 드러나는 넓은 갯벌, 해안가의 침엽수림, 둥그렇게 모여 앉은 어촌 풍경 그리고 툭 트인 수평선의 황금노을 빛이다. 석모도는 강화도 근처에 있는 섬인지라 강화도까지는 승용차로 이동이 가능하며 외포리항에서 배를 타면 10분이면 갈 수 있다. 한국 지도를 축소한 것과 같은 지형인데 산세가 수려하고 비옥한 토지에 바다를 낀 천혜의 섬으로 어민들이 살기도 좋고 여행객들이 즐기기도 좋은 섬이다.

여행객들은 여객선을 타고 오고 가면서 갈매기 떼와 동행한다. 이 갈매기 떼는 강화도 주변에서 출발하는 여객선에서 자주 볼 수 있는 볼거리 중의 하나인데 섬 여행의 또 다른 맛이다. 배가 느리게 가는 이유도 있지만 도시 사람들이 자주 왕래하면서 갈매기들에게 새우깡 등 과자 부스러기를 자주 던져주면서 갈매기들이 받아먹는 데에 익숙해진 탓이다. 어떤 갈매기는 여행객들이 던져주기 전에 손에 들고 있는 새우깡을 낚아채 가기도 한다.

석포리 선착장에서 보문사 방향으로 향하는 길목에 고개가 하나 있는데 그것을 전득이 고개라고 한다. 그곳에서는 푸른 바다와 들녘 그리고 눈부신 염전 풍경이 한눈에 내려다 보인다. 전득이 고개에서 서쪽 방향으로 가면 석모도의 유일한 해수욕장인 민머루 해수욕장이 있다. 드넓은 갯벌이 장관을 이루고 있으며 이곳은 휴양지와 생태 교육장도 갖춰져 있다. 이 해수욕장의 갯벌은 천연기념물로 지정되어 있기도 하다. 가족 단위로 이곳을 방문한다면 아이들과 함께 흔치 않은 갯벌을 체험하며 즐길 수 있을 것이다.

서해안은 겨울에도 기온이 따뜻하여 바다 위에 녹지 않은 얼음덩어리가 마치 빙하처럼 떠다니는 것을 볼 수 있다. 이는 눈과 염분이 어우러져 얼어붙었기 때문이다. 추운날씨에도 불구하고 석모도의 해안가에는 이런 풍경을 기념으로 남겨두기 위해 사진을 찍는 사람들의 모습들로 늘 북적댄다.

제5과 합리적 소비

학습 주제
경제와 경영

학습 목표
소비 생활에 대해 이해할 수 있다.
기업의 경영 전략을 이해할 수 있다.

어휘 학습
경제 관련 어휘

듣고 말하기
경영학 입문 강의 듣기
회사 회의

읽고 말하기
99 마케팅

쓰고 말하기
사업 제안서

문법 및 표현
V-ㄹ/을지니, AV-ㄴ/은 바(가) 있다/없다,
AV-ㄹ/을 나위가 없다, V-ㄴ/는답시고,
N은/는 차치하고

통합 활동
성공한 사업가 조사 및 경영전략 PPT 발표문

문화 산책
블로그 후기 글

TOWER
Westpac
Urban Express

5 합리적 소비

들어가기

1. 여러분이 물건을 구입하거나 서비스를 이용할 시 고려하는 점은 무엇인지 이야기해 보십시오.

2. 최근 천정부지로 가격이 오르고 있는 것은 무엇인지 살펴보고 가격이 급격히 오른 원인이 무엇인지 이야기해 보십시오.

듣고 말하기1 607

다음은 경제학 강의입니다. 잘 듣고 질문에 대답하십시오.

1. 강의의 주제는 무엇입니까?

2. 다음 중 들은 내용과 일치하는 것을 고르십시오. (　　　　)
   ① 강의명은 경영학 입문이다.
   ② 강의는 대학원생을 위한 수업이다.
   ③ 강사는 쉬운 예를 들어 강의 내용을 설명하고 있다.
   ④ 강의는 학교생활에 도움을 주는 내용으로 이루어져 있다.

3. 강의에서 강사의 마지막 질문은 무엇입니까?

4. 여러분이라면 마지막 질문에 대한 대답을 어떻게 할 것입니까?

- 짚다
- 법칙
- 수요
- 공급
- 그래프
- 곡선
- 적용되다
- 명품

1. V-ㄹ/을지니

: 당연히 그럴 것이라는 의미로 뒤 문장의 원인 또는 근거를 나타낼 때 사용한다.

- 시간이 지나면 해결될지니 차분히 때를 기다려라.
- 결혼도 다 때가 있을지니 그 기회를 놓쳐서는 결코 아니 될 것이다.
- 자식은 부모에게 효도하는 것이 당연할지니 부모를 반드시 공경해라.

어휘 학습

1. 다음 그림을 보고 관계있는 설명에 연결하십시오.

1)  •

2)  •

3)  •

4)  •

5)  •

6)  •

• 가) 구매 실적에 따라 일정한 액수를 적립시켜 추후에 현금처럼 물건을 구매할 수 있게 만들었다.

• 나) 신상품을 홍보하고 잠재고객을 확보하며 제품의 인지도를 높이기 위해서 하는 방법으로 경품의 종류로는 가전제품, 생활용품 등 종류가 다양하다.

• 다) 물품 및 서비스 등의 판매를 촉진시키기 위해 하는 활동 중 하나로 주로 대중매체를 통하여 상품의 정보를 제공한다.

• 라) 같은 물건을 2개 이상으로 묶어서 파는 형태로 한 개씩 사는 것보다 좀 더 싸게 판매하는 경우가 많다.

• 마) 같은 물건이나 서비스를 여러 사람이 동시에 구매를 하여 원래 정해진 가격보다 좀 더 저렴하게 구매할 수 있다.

• 바) 최근 인기를 끌고 있는 판매방식으로 온라인상에서 판매자가 정한 일정 인원 이상이 모이면 판매가가 내려가서 좀 더 저렴하게 물건을 살 수 있다.

2. 다음 속담을 사용하여 대화를 완성해 보십시오.

쌈짓돈이 주머닛돈	쌀독에서 인심 난다
같은 값이면 다홍치마이다	외상이면 소도 잡아먹는다
개같이 벌어서 정승같이 쓴다	돈은 앉아서 주고 서서 받는다

1) 가: 제가 알기로는 그 부인이 엄청 부자라고 하던데, 그 남편은 아닌가 봐요. 저렇게 돈을 안 쓰는 걸 보니…….

나: 아냐, 설마 한 집에 사는데 ______________________(이)라고 돈이 없어 저러겠어?

2) 가: 몇 주 전에 친구한테 아르바이트 해서 모은 돈을 전부 빌려 줬는데 돈을 갚겠다는 연락은 고사하고 자꾸 내 연락을 피하는 것 같아.

나: 야, ______________________고 돈 빌려 주는 건 신중히 해야 해.

3) 가: 로빈 씨가 지난달에는 노트북을 바꾸더니 이번 달에는 새 차를 뽑는다면서요?

나: ______________________고 앞으로 60개월은 할부금만 갚아야 한대요.

4) 가: 당신 꼭 이런 일까지 해야 해? 청소일은 냄새에다 사람들의 좋지 않은 시선까지…….

나: 청소가 뭐 어때서? 옛말에 ______________________고 열심히 벌어서 얼른 대출금 상환해야지.

5) 가: 지성 씨, 어제 삼송 휴대폰 산다더니 웬 앨쥐 휴대폰이에요?

나: 아, ______________________(이)라고 가격은 같은데 이게 더 성능이 좋다더라고요. 그리고 사은품까지 챙겨 준다고 하니까 선택을 안 할 수가 없었어요.

6) 가: 올해는 내가 실직상태라 여유가 없다 보니 자선단체에 후원을 못 하겠더라고.

나: 그렇구나. 하긴 ______________________고 내가 여유가 없는데…….

3. 다음은 돈과 관련된 한자성어입니다. 상황과 관계있는 말과 연결해 보십시오.

1) 금상첨화 •	• 가)	그 화장품 회사는 적은 이익을 내고 최대한 많이 파는 전략을 내세워 업계 1위가 되었죠.
2) 박리다매 •	• 나)	가끔 사람들이 큰돈을 한꺼번에 벌려고 무리한 방법을 쓰는 것 같아요.
3) 일확천금 •	• 다)	김장철인지라 배춧값이 금값이 되었네요.
4) 천정부지 •	• 라)	이번에 원하던 대학교에 합격했는데, 전액 장학금까지 받게 되었어요.
5) 자린고비 •	• 마)	전기세를 아끼려고 여름에 에어컨을 한 번도 켠 적이 없대요. 정말 지독한 구두쇠예요.

4. 다음은 돈과 관련된 관용 표현입니다. 관계있는 설명과 연결하십시오.

속 빈 강정	허리띠를 졸라매다	수지가 맞다	한 밑천 잡다	밑지는 장사
• ㉠	• ㉡	• ㉢	• ㉣	• ㉤
• 가)	• 나)	• 다)	• 라)	• 마)
검소한 생활을 하다	장사나 사업을 해서 이익이 남다	아무런 이득이 없이 손해 보는 행위를 하다	겉으로 봐서는 있어 보이지만 실속은 없다	짧은 시간 안에 많은 돈을 벌다

읽고 말하기

커피부터 생활용품까지, 불황 속 '99 마케팅' 이 대세!!

마케팅이란 무엇일까? 마케팅이란 상품과 서비스가 생산자로부터 소비자에게 판매, 전달되는 과정에서 일어나는 모든 활동을 말한다. 마케팅의 최종 목적은 소비자를 만족시키는 데 있다. 그래서 마케팅 담당자는 소비자의 불만을 해소하면서 편리하고 즐겁게 상품을 구매하도록 하는 방법이 무엇인지 늘 고심하고 있다.

최근 할인점의 물건 가격을 살펴보면 90원, 900원으로 끝나는 상품들이 유난히 많이 보인다. 경기침체로 소비자들이 허리띠를 졸라매자 이들의 지갑을 열기 위해 상품 가격의 자릿수를 낮추는 일명 '99 마케팅' 이 이러한 현상을 잘 보여주는 예라고 할 수 있다. 이 마케팅에는 상품 가격을 1원, 10원, 100원 단위로 낮춰 소비자에게 마치 가격이 내려간 것처럼 느끼게 함으로써 매출을 늘리려는 전략이 숨어 있다. 즉, 100원이라고 하는 것보다 99원이라고 하는 것이 소비자에게 더욱 낮은 가격이라는 인상을 심어줄 수 있다는 것으로 이를 소비 지향성이라고 하는데, 기업들은 바로 이 점을 노린 것이다.

한 조사에 의하면 만 원대 제품은 9,900원으로 천 원대는 990원으로 가격 단위를 낮추는 것만으로도 소비자들의 가격에 대한 심리적 저항감을 줄일 수 있다고 하였다. 인천의 한 음식점에서는 9,900원짜리 메뉴를 내놓고 있으며 유명 모 피자가게도 이번 달 특가로 9,900원 피자를 제공하는 등의 행사를 펼친 바 있다.

99 마케팅을 선호하는 또 다른 이유로는 판매 가격은 일정 금액을 넘기면 세금이 더 붙기 마련인데 가격을 낮게 책정하게 되면 세금을 낮출 수 있는 이점이 있기 때문이다. 이처럼 이 마케팅은 고객에게는 싸게 상품을 공급하는 인상을 심어 줄 수 있고 판매자는 순 매출을 올릴 수 있으므로 소위 두 마리 토끼를 잡는 효과가 있다.

예를 들어 20,000원과 19,900원 사이에는 100원밖에 차이가 나지 않는 데 비해 상품 가격이 20,000원이면 이만 원대에 해당하는 세금이 부과되고 19,900원에는 만 원대에 해당되는 세금이 붙는다. 이런 이유로 '99 마케팅' 은 소비자들에게 가격에 대한 만족감을 주고 기업의 입장에서는 세금 감면의 효과를 주기에 더할 나위 없이 좋은 것이다.

이러한 '99 마케팅' 의 기원은 80년대 초 미국에서 경기가 장기 침체되자, 매출 증대를 위해 9달러 99센트짜리 상품을 출시한 것이 그 시초가 되었다. 이를 계기로 전 세계

- 불황
- 마케팅
- 불만
- 유난하다
- 낮추다
- 전략
- 지향성
- 저항감
- 특가
- 책정하다
- 두 마리 토끼를 잡다
- 부과되다
- 침체
- 증대
- 시초
- 펴지다
- 전단(지)

로 퍼져 오늘에 이르게 되었다. 그렇다면 실제 시장에서는 어떠한 결과가 나타날까?

여러 판매 업체의 광고 전단에서 물건값 끝자리를 90원이나 900원으로 표시한 상품의 매출을 분석해 본 결과, 한 달 매출이 작년 동기 대비 14~22%가 늘어났다고 한다. 또한, 상품 판매 비중도 전년 50%에서 기년 67%로 17% 증가를 했다. 그러나 진통제도 무작정 쓰다 보면 효과가 감소하듯 '99 마케팅' 도 마찬가지로 소비자들이 이 마케팅의 속내를 알게 되자 80원이나 800원으로 상품 가격을 좀 더 낮추는 경향이 나타났다. 실제로 한 마트를 대상으로 5,000여 개 상품 가격의 표본조사를 해 보니 절반 이상이 80원이나 800원이었다.

이제 물건을 만들기만 하면 무조건 팔리던 시대는 끝났다. 다시 말해 마케팅 시대에는 반짝이는 아이디어로 차별화하여 고객의 관심을 끌든가, 소비자의 마음을 읽어 소비자도 모르게 지갑을 열게 하든가 해야 한다. 소비자의 마음속에 숨어 있는 숫자까지 찾아 활용하는 99 마케팅의 위력은 언제까지 지속될까? 아니면 이를 능가하는 또 다른 마케팅은 어떤 모습으로 태어날까? 인간의 무궁무진한 잠재력에서 새롭게 태어날 마케팅이 기다려진다.

1. 이 글은 무엇에 대한 글입니까? (　　　　)

① 과소비의 사례　　② 합리적 유통 과정

③ 효과적인 마케팅 사례　　④ 마케팅 전략 수립 과정

2. 다음 중 '99 마케팅' 을 하는 이유로 알맞지 않은 것을 고르십시오. (　　　　)

① 이 마케팅은 소비자의 세금 감면에 효과가 있다.

② 이 마케팅을 통해 소비자는 소비의 부담이 줄어든다.

③ 이 마케팅을 통해 공급자(생산자)는 순매출이 증대된다.

④ 이 마케팅은 소비자와 공급자(생산자) 모두 긍정적인 효과가 있다.

- 속내
- 알아차리다
- 경향
- 표본
- 절반
- 위력
- 지속
- 능가하다
- 잠재력

3. 위에서 제시한 전략의 제시 방법으로 가장 알맞은 것은 무엇입니까? (　　　　)

① 비유　　② 대조　　③ 비교　　④ 예시

4. 다음 중 읽은 내용과 <u>다른</u> 것은 무엇입니까? (　　　　　)

① 사람들의 심리를 이용한 숫자 마케팅의 반응이 매우 좋다.

② 물건을 잘 만들어야 소비자들의 구매 의욕을 높일 수 있다.

③ 물건 가격이 만 원일 때보다 9,900원일 때 소비자의 저항감이 적다.

④ 최근 숫자 '8'로 끝나는 가격 마케팅도 소비자의 좋은 반응을 이끌고 있다.

5. 여러분이 주로 소비하는 장소의 마케팅 전략에 대해 조사해 보십시오.

본 쿠폰으로 원하시는 음료를 즐기세요.

매장의 음료와 케이크 중 1개를 무료로 즐기실 수 있습니다.
한국 내 전 매장에서 사용 가능 / 현금으로 교환 불가 /
타 쿠폰 및 세트메뉴 중복 사용 불가

유효기간 201X년　12월 3일까지
본 쿠폰은 유효기간 내 사용하실 수 있습니다.

오늘은 인하인의 날

저희 편의점에서는 단 하루!!
구매 금액의 **20%**를 할인해 드립니다.

일부 상품 제외 / 당일 오후 9시까지 구매에 한함

인하 세탁소

고객님 저희 세탁소 개점 2주년 행사를 개최합니다.

세탁물을 10번 맡기시면
1번은 무료로 세탁해 드립니다.

문법 및 표현

1. AV-ㄴ/은 바가 있다(없다)

: 앞에서 말한 내용, 사실, 일이 있거나 없음을 나타낸다.

- 저는 학창시절에 학생회장을 역임한 바 있습니다.
- 기초 연금제는 아직 구체적으로 확정된 바 없습니다.
- 아직 그 사건에 대해서 들은 바가 없으며 조사를 기다리는 중입니다.
- 저희 부서에서는 전화상으로는 채용에 대해 따로 설명을 드린 바가 없습니다.

2. AV-ㄹ/을 나위가 없다

: 더 할 수 있는 여유나 더 해야 할 필요가 없다는 의미로 '더하다, 의심하다, 말하다, 이야기하다, 두말하다, 바라다' 등의 동작동사와 주로 어울려 사용한다.

- 이사 갈 집은 신혼집으로는 더할 나위 없이 좋다.
- 그가 이 일을 해 낼 것이라는 데는 의심할 나위가 없었다.
- 범죄자가 처벌을 받게 될 것은 두말할 나위가 없는 일이다.

듣고 말하기2 610

다음은 회사 회의입니다. 잘 듣고 질문에 답하십시오.

1. 무엇에 대해 이야기하고 있습니까?

2. 다음 중 수습사원이 제안한 내용으로 알맞은 것을 고르십시오. (　　　　)
   ① 항공사 마일리지의 유효기간을 늘려서 고객을 만족시킨다.
   ② 승무원이 고객에게 지나치게 친절하게 대하지 않게 지도한다.
   ③ 소멸될 항공사 마일리지의 일정 부분을 현금화하여 사회에 환원하도록 한다.
   ④ 승무원들의 스트레스를 풀어 주기 위해 전담 의사를 사무실에 배치하도록 한다.

3. 다음 중 들은 내용과 일치하지 않은 것을 고르십시오. (　　　　)
   ① 항공 마일리지 유효기간 2년이 지나면 전부 사라진다.
   ② 회의가 2주일 전에 공지되었지만 아무 준비를 못한 사람이 있다.
   ③ 유지수 씨는 회의 준비를 위해 승무원들에게 설문 조사를 실시하였다.
   ④ 손준영 씨는 마일리지를 사회에 환원을 할 수 있는 프로그램을 만들어 보려고 한다.

4. 여러분은 어떤 수습사원의 제안이 괜찮다고 생각합니까?
   그리고 그렇게 생각한 이유는 무엇인지 함께 이야기해 보십시오.

- 최우선
- 고충
- 발상
- 유난스럽다
- 마주하다
- 운영하다
- 한솥밥을 먹다
- 발권
- 마일리지
- 토로하다
- 해지하다
- 현행
- 불합리하다
- 환원
- 제휴

문법 및 표현

1. V-ㄴ/는답시고

: 어떤 행동이나 상태의 이유를 못마땅하게 느끼거나 얕잡아 볼 때 사용한다.

- 친구가 밥을 사준답시고 약속 장소에서 한 시간이나 기다리게 했다.
- 그동안 바쁘답시고 아이들에게 신경을 많이 못 쓴 것 같아서 미안하다.
- 지은 씨는 자기가 언니랍시고 쌍둥이 동생에게 매일 잔소리를 해 댄다.

2. N은/는 차치하고(=차치하더라도)

: '앞의 내용은 문제를 삼지 않고' 라는 의미로 사용한다.

- 비용은 차치하고 휴가를 내기에는 업무가 많아 도저히 여행을 갈 수 없다.
- 그녀는 외모는 차치하고 성격이 독특해서 대인 관계에 어려움을 겪는 편이다.
- 그 배우는 연기력은 차치하고 발음이 이상해서 대사 전달이 잘 안 되는 것 같아.

쓰고 말하기

다음을 읽고 학교 축제에서 우리가 제안할 수 있는 사업에 대해서 생각해 보십시오.

우리 학교는 매년 5월에 3~4일 정도 인하대학교 축제를 연다. 축제 기간에는 학교 곳곳에서 학생들이 축제를 즐길 수 있도록 다양한 볼거리, 먹을거리 등이 제공된다. 우리 학교 축제의 특징으로는 우리가 스스로 축제를 기획하고 각종 행사 및 사업을 수행한다는 점이다. 축제가 진행되는 동안 인하대 학생들은 아이디어를 내고 고심하여 각 과의 특성을 살리는 일을 펼친다. 이번 축제 기간에는 우리 반이 할 수 있는 축제 사업으로 어떤 것이 있을지 구상해 보자.

축제 사업 제안서

소속	인하대학교 언어교육원	제출일	
급반	6급	성명	
제목			

〈작년 학교 축제 참가 현황〉

- 작년 축제 기간은 나흘 동안 성황리에 진행되었음.
- 축제에서 반 학생 15명은 서로 역할을 분담하고 핫도그와 햄버거를 직접 만들어 각각 2,000원과 2,500원으로 팔았음.
- 총 수익금은 350만 원이었고, 식료품비 외 장비 대여비를 제외한 순매출은 35만 원이었음.
- 축제 기간 내 몇몇 학생들이 햄버거와 핫도그를 만들면서 손을 데거나, 수업에 빠지는 등의 문제가 생겨서 축제 참여에 대한 불만이 제기되기도 함.

〈 제안 내용 〉

-
-
-

〈 기대 효과 〉

-
-
-

통합 활동

성공한 사업가나 기업의 경영인을 찾아 조사한 후 발표해 보십시오.

발표 시 들어가야 하는 내용

1. 기업인을 선택한 이유	2. 기업의 역사 소개
3. 기업인 소개	4. 기업과 다른 기업의 차이점
5. 기업과 기업인의 시사점	6. 참고문헌 및 자료

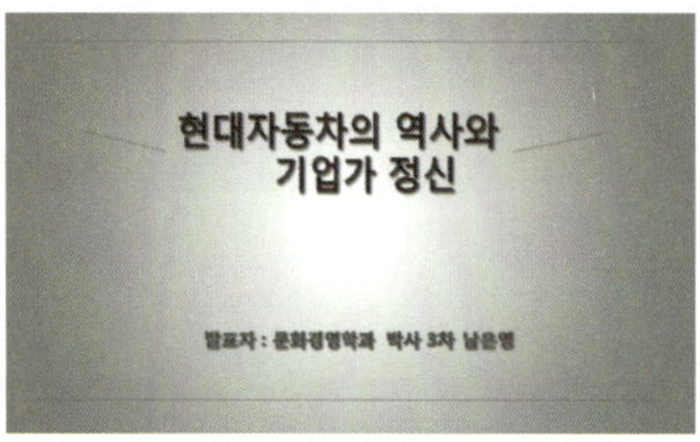

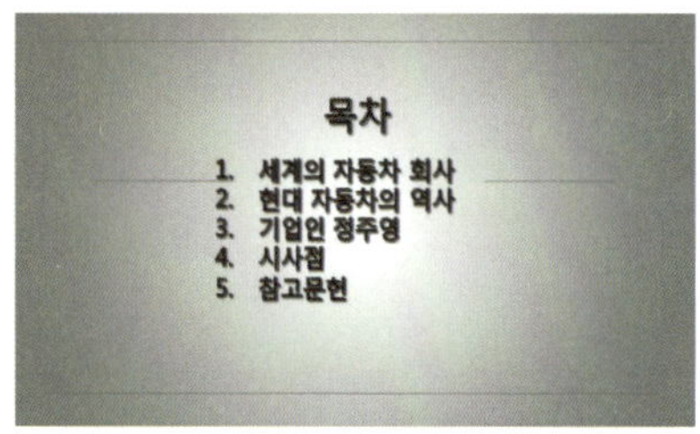

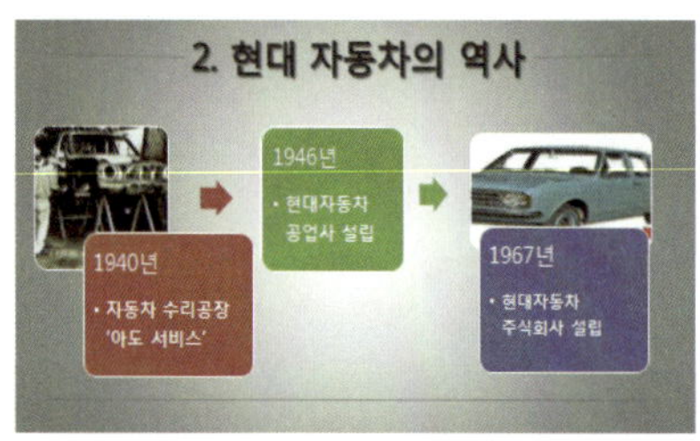

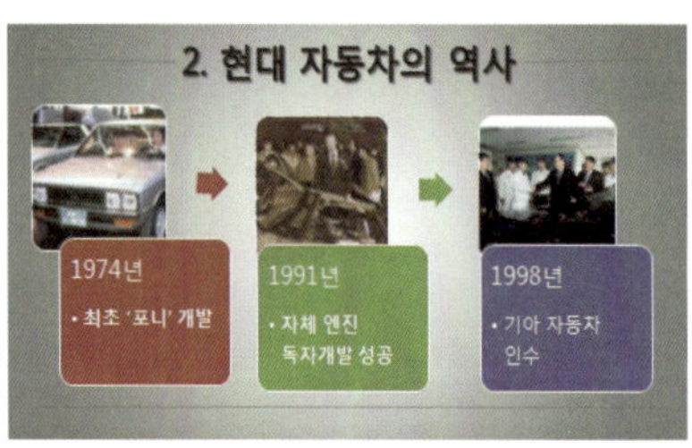

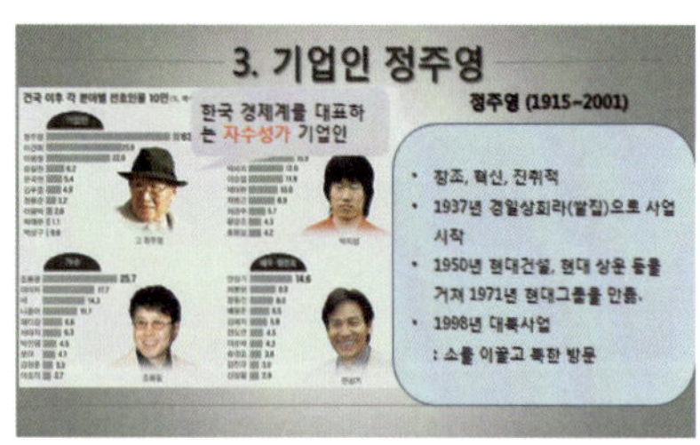

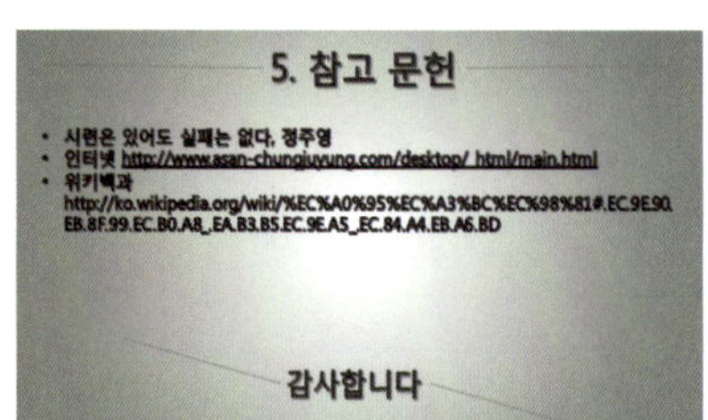

문화 산책

인하블로그

박은지의 파워 FM '식사부터 하세요~' 당첨!

2013 / 12/ 31

제가 항상 아침에 학교에 오면서 라디오를 들어요.
바로 '박은지의 파워 FM'인데 라디오를 들으면서 출근을 하다 보면
기분도 좋아지고 그래요:)

'박은지의 파워 FM' 의 '식사부터 하세요♬'라는 코너인데요.
이 프로그램은 아침 식사를 못하는 분들의 사연을 소개하고 채택된 청취자에게는
아침 도시락을 배달해 줘요.

방송을 듣다 보니 대부분 직장인들이 동료들을 위해 사연을 보내는 경우가 많더라고요.
제가 가르치는 학생들도 아침을 굶고 다니기 일쑤인데…….
매일 아침마다 복도 정수기에서 온수를 받아서
라면을 먹는 학생들의 모습을 보고 있자면 마음이 좀 안 좋았거든요.

그래서 나도 라디오 방송에다가 아침을 달라고 해볼까 하는 생각이 들었고,
그렇게 시작된 생각이 글로 변해서 인터넷 게시판에 사연을 올렸지요.
그런데 마음이 통했는지, 하늘이 도와주었는지
사연이 선정되었다고 작가님께 연락을 받았어요!!
저에게도 이런 행운이 있긴 하네요.

그런데 연말인지라 도시락은 우리 학교까지 배달은 힘들고
서울 지역으로만 국한된다고 하더라고요.

그래서 부랴부랴 같이 근무하시는 선생님 중에서
서울에 사는 분을 찾아 도시락 전달을 부탁드리고 무사히 배달 신청 완료!!

작가님께서 덮밥, 죽, 샐러드, 샌드위치 중에 선택 가능하다고 하셨는데
열심히 머리를 써서 공부를 해야 하는 학생인지라
덮밥으로 배달을 부탁 드렸어요.

도시락은 완벽한 밀봉!!!
비닐을 뜯는데 밀봉을 너무 잘 해 놓으셔서 힘 좀 썼어요.
그만큼 신선도는 잘 유지되고 있었고 반찬도 섞이지 않아 깔끔했어요.
우리 반 학생들은 도시락 상자를 보더니 환호를 하더라고요.
그리고 배달된 도시락을 함께 먹으면서 한솥밥의 의미도 다시 한번 되새겼네요.

우리의 도시락은 하이라이스 덮밥인데 많이 맵지 않았고
밥도 흑미라서 건강해지는 느낌이랄까?
저도 싹 해치웠고요. 물론 학생들도 남김없이 모두 해치워 버렸어요.

다 같이 아침도 든든히 먹고
라디오 사연으로 이렇게 우리 반 학생들과 인하대에서 좋은 추억도 쌓고
좋은 일한 것 마냥 너무 기뻤답니다! :))))
여러분도 아침을 굶고 계신다고요? 그럼 라디오에 사연 한번 올려 보세요.
여러분께 추천합니다.

M.E.M.O.

제6과 변화하는 가족

학습 주제
가족과 사회

학습 목표
오늘날 사회의 변화로 인한 가족의 다양한 형태에 대해 이해할 수 있다.

어휘 학습
가족 관련 어휘

듣고 말하기
가사 분담 대화
1인 가족(독신남녀)의 라디오 사연 듣기

읽고 말하기
가족과 함께 한 어린 시절의 추억에 관한 수필 읽기

쓰고 말하기
어린시절 추억에 관한 수필

문법 및 표현
AV-ㄹ/을라치면, V-던 터라, V-ㄴ/은/는 양, V-던 차에, V-기(가) 짝이 없다, AV-고서(야), N(으)로 미루어, V-ㄴ/은 축에 들다.

통합 활동
결혼생활과 독신생활에 대한 토론

문화 산책
시대별 인구정책

6 변화하는 가족

들어가기

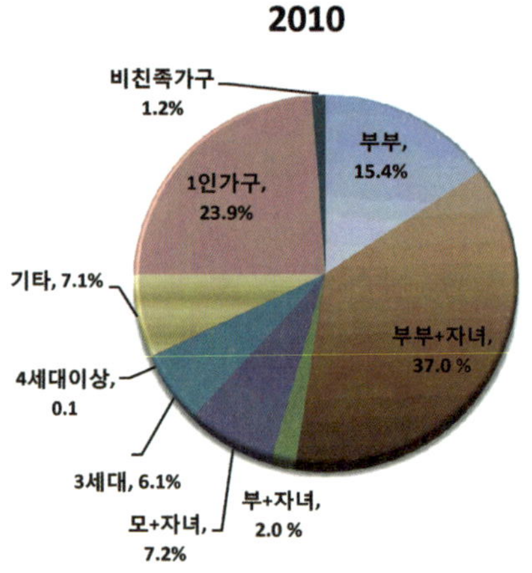

가구유형별 가구(2010)

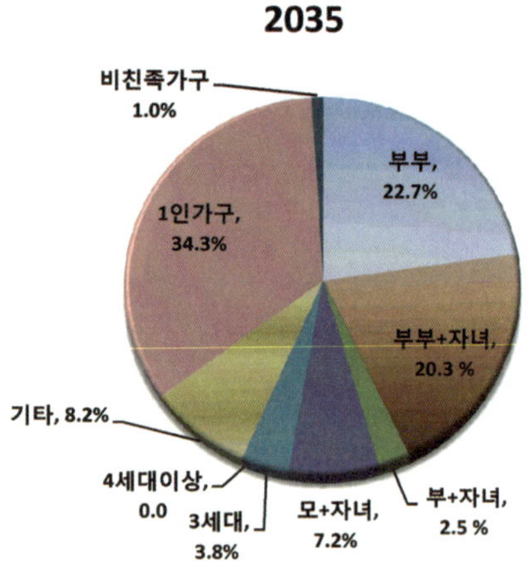

가구유형별 가구(2035)

1. 여러분의 일상 생활 속에서 가족과 대화를 얼마나 하고 있는지 돌아보고 가족 간의 원활한 소통을 위해 어떤 좋은 방법이 있는지 이야기해 보십시오.

2. 오늘날 가족은 다양한 형태로 나타나고 있습니다. 여러분이 알고 있는 새로운 가족의 형태는 무엇입니까?

듣고 말하기1 611

두 사람이 오랜만에 만나서 이야기를 하고 있습니다. 잘 듣고 질문에 대답하십시오.

1. 다음 대화에서 두 사람은 무엇에 대한 이야기를 합니까?

2. 대화의 내용과 일치하지 않는 것을 고르십시오. (　　　　　)
   ① 마이클은 집안일을 하지 않는다.
   ② 마이클은 요즘 육아와 가사문제로 많이 힘들다.
   ③ 지성은 육아는 남녀가 함께 해야 한다고 생각한다.
   ④ 지성은 아내를 대신하여 육아와 가사를 도맡아 한다.

3. 최근 가족 구성원의 역할이 많이 달라지고 있는데 현대 사회의 가족 내 남녀 역할이 어떻게 변화하였는지 이야기해 보십시오.

1. AV-ㄹ/을라치면

: 과거에 경험한 사실을 조건으로 무슨 일을 하려고 생각하거나 의도할 때 위의 상황이 일어나 그 생각대로 할 수 없음을 나타낸다.

- 밥 좀 먹을라치면 손님이 오네.
- 시장에라도 갈라치면 아기가 먼저 따라나선다.
- 며칠씩 휴가를 내 어디 여행이라도 갈라치면 걸리는 것이 한두 가지가 아니다.

- 날벼락
- 첩첩산중
- 보편적
- 가부장적
- 하굣길
- 닥치다
- 육아
- 도맡다

어휘 학습

1. 다음은 가족 형태와 관련된 단어입니다. 아래에 알맞은 단어를 찾아 쓰십시오.

확대가족	핵가족	다문화가족	한부모가족	조손가정

1) 부부와 미혼자녀만으로 구성된 가족 ____________

2) 부모와 동거하지 않고 조부모와 손 · 자녀로만 구성된 가족 ____________

3) 서로 다른 국적, 인종이나 문화를 지닌 사람들로 구성된 가족 ____________

4) 부부, 자녀 이외에 조부모 또는 형제 등 친족이 동거하는 가족 ____________

5) 아버지 또는 어머니 중 한 명과 자녀로만 구성된 가족 ____________

2. 다음은 오늘날 가족의 사회 현상과 관련된 단어입니다. 그림을 보고 알맞은 단어를 찾아 쓰십시오.

만혼	다산	저출산 · 고령화	황혼이혼

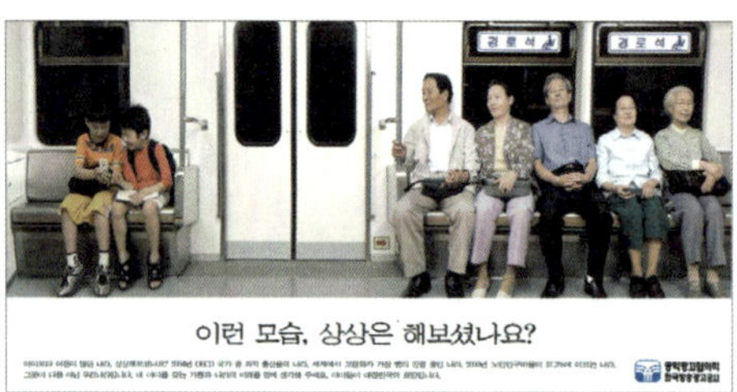

1)

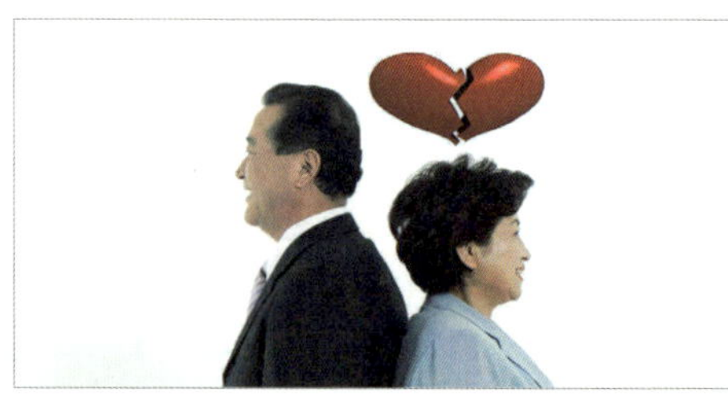

2)

3)

4)

3. 다음은 가족과 관련된 한자성어입니다. 상황과 관계있는 말에 연결해 보십시오.

1) 가화만사성 •	• 가)	눈에 넣어도 안 아픈 귀한 딸을 시집보내려니 섭섭하시겠어요.
2) 부전자전 •	• 나)	제 꿈이 남편에게는 내조를 잘하는 착한 아내, 아이들에게는 좋은 엄마가 되는 거예요.
3) 현모양처 •	• 다)	모든 일은 가정에서 시작된다고 하잖아요. 집안이 화목하면 하는 일도 술술 잘 풀린다고요.
4) 금지옥엽 •	• 라)	그 아버지에 그 아들 아니랄까봐 어쩌면 걸음걸이까지 똑같을 수가 있대요.

4. 다음은 가족과 관련된 속담입니다. 상황에 맞는 속담을 골라 대화를 완성하십시오.

형만 한 아우 없다	피는 물보다 진하다
짚신도 제짝이 있다	가지 많은 나무에 바람 잘 날 없다
고슴도치도 제 새끼는 함함하다고 한다	열 손가락 깨물어서 안 아픈 손가락 없다

1) 가: 저 집에는 자식들이 부모 마음을 몰라도 너무 모르네요. 하루라도 조용한 날이 없네요.
나: 그러게요. ______________________고 자식이 많은 부모는 자식 걱정 때문에 하루라도 마음 편할 날이 없네요.

2) 가: 이게 이번에 놀러 가서 찍은 사진이야? 아이고, 아무리 봐도 우리 딸만한 인물이 없네.
나: 엄마, 내 친구 어머니도 엄마처럼 말씀하셨대요.
______________________고 한다더니 엄마도 어쩔 수 없네요.
가: 원래 자기 뱃속에서 나온 자식은 남의 자식 보다 귀하고 예쁜 법이야.

3) 가: 요즘 재산문제로 가족을 상대로 한 고소가 남발하고 있으니 참 걱정이네요.
나: 그러게요. 돈 앞에서는 피를 나눈 형제도 안중에 없으니 ______________
______________________는 말을 무색케 하는군요.

4) 가: 저희 어머니는 유독 막내만 예뻐하시는 것 같아요. 이만저만 섭섭한 게 아니에요.

나: ____.

자식들이 몰라서 그렇지 부모님이 자식 걱정하는 마음은 다 똑같아요.

5) 가: 저렇게 성격 나쁜 애도 결혼하는데 도대체 넌 언제 결혼할래?

나: ______________________고 하니 저도 언젠가는 결혼하겠죠.

6) 가: 확실히 작은 아들보다 큰 아들이 키도 크고 훨씬 잘 생겼네요.

나: 그뿐인 줄 아세요? 영어와 중국어도 얼마나 잘하는지 몰라요.

______________________________는 말이 딱 맞아요.

읽고 말하기

(가) 사람은 지나간 일에 대해서는 좋게 기억하는 심리가 있다고 한다. 그런 심리학을 들먹이지 않더라도, 어린 시절에 관한 기억은 애틋함과 그리움으로 남아 있는 경우가 많다.

나는 2살 때부터 지금까지 광안리에서 살고 있다. 내가 기억하는 어린 시절의 모습은 6살 이전 기억은 없으니, 지금까지 내가 '살았던 곳' 은 광안리가 전부라고 할 수 있을 것이다. 광안리에 살면서 이사를 두 번 했는데 이용하는 버스정류장도 변화가 없었고, 목욕탕에서 만나는 사람들도 크게 변하지 않았다. 한 곳에 오래 살기 때문이었을까? 내가 사는 동안 부산은 큰 변화가 없었던 터라 '새로운 곳' 에 대한 관심이나 열망도 생겨나지 않았다.

(나) 내가 기억하는 어린 시절의 풍경은 다른 아이들과 다른 점이 좀 많았다. 장사하는 부모 밑에서 자란 우리는 놀이시설이 없어 거리에서 놀았고, 바쁜 부모 때문에 장사하는 집 애들끼리 다 함께 모여서 놀았다. 그 시절 아이들은 모두 함께 놀기를 즐겼겠지만 우리들의 놀이방식은 달랐다. 부모들이 장사하는 집 자식들이었으니 소꿉놀이를 해도 엄마, 아빠 놀이가 아니라 상가를 차려놓고 놀았다. 누구는 식당을 하고, 누구는 그릇가게를 하고, 또 누구는 은행을 하는 식이었다. 몇몇 집들이 이사를 오면서 아이들은 우르

• 애틋하다
• 소꿉놀이

르 몰려다니는 숫자가 많아지게 되었다. 자연스럽게 파벌이 형성되었고, 대장은 당연히 가장 연장자 두 명이 함께 갈라먹게 되었다. 둘 다 여자였다. 파벌 간의 대단한 에피소드는 별로 기억에 없는데, 여자아이들이라 주먹다짐까지는 아니고 서로 인사를 안 하는 정도였다. 그 파벌 싸움에서 가장 큰 피해자는 나의 작은언니였다. 언니는 아직도 그때 이야기를 하면서 서럽게 우는데, 한쪽 파벌의 대장이 나의 큰언니였다. 그런데 우리 큰언니가 두 살 어린 작은언니를 따돌렸다. 따돌림의 이유는 불명확한데 아마도 우리 자매 중에 가장 예뻤던 작은언니에 대한 질투심이 아니었을까 싶다. 작은언니 기억으로는 꽤 오랫동안 혼자 놀다가 함께 놀아달라고 200원을 던져주고 큰언니 파벌에 가세했다. 일종의 입회비까지 받은 셈이니 장사꾼 자식들다운 모습이 역력했다.

(다) 나뉘었던 파벌은 하나가 되면서 갈등은 소강되었다. 종이돈으로 하는 소꿉놀이가 유치하던 차에 대장인 우리 큰언니는 실제 벌이를 만들었다. 그것은 고철 줍기였다. 당시 우리의 하루 용돈을 100원이었다. 공터 흙을 파거나 하면 못이나 철사 등이 나왔고, 그것을 고물상에 가져다 팔면 돈을 주었는데, 분배는 당연히 대장의 몫이었다. 당시 나에게 돌아오는 돈은 150원에서 200원가량이었는데, 하루 일당의 두 배를 받는다고 생각해봐라. 얼마나 많은 돈인가. 나는 일당을 받기 위해 꼬박꼬박 모임에 나갔고, 돌아오는 성과에 모두가 만족했다. 그러나 그 기쁨은 오래 가지 못했다. 나의 어머니께서 고철을 줍는다는 사실을 알게 되었고 우리 모두를 가게로 불러서 강경하게 혼을 내셨다. 살면서 본 어머니의 가장 무서운 모습이었다.

(라) 큰언니가 고학년이 되어가고 몇 집이 더 이사를 하면서 조직은 거의 해체되었다. 그리고 놀이방식도 바뀌게 되었다. 우리가 가장 좋아했던 놀이는 피구였다. 하지만 자주 할 순 없었다. 우리에게는 공이 없었으니까. 집에 피구 공을 가지고 있는 사람이 한 명 있었는데, 무슨 까닭인지 어느 날부터 그 친구가 보이지 않았다. 그 집은 유일하게 식모를 두고 있었고 우리는 그 식모 언니랑 친했다. 무척이나 피구를 하고 싶었던 터라 우리는 식모언니를 졸랐고, 결국 주인집의 피구 공을 들고 나오게 되었다. 우리는 세상 부러울 것이 없는 양 무척 신이 난 상태로 피구를 했다. 하지만 우리가 놀았던 곳은 차들이 다니는 길 한가운데였고, 그날도 차가 와서 하던 게임을 중단하고 양쪽으로 갈

- 애틋하다
- 소꿉놀이
- 파벌
- 연장자
- 주먹다짐
- 가세하다
- 역력하다
- 소강
- 고철
- 고물상
- 분배
- 강경하다
- 해체되다

라져서 피하게 되었다. 누구의 손이었을까? 공을 놓쳤고 굴러간 공은 달리는 차 밑으로 들어갔다. 그리고 그 차는 야속하게도 그 공을 터뜨리고 그대로 질주해버렸다. 그 짧은 순간은 마치 영화의 슬로비디오처럼 나의 머릿속에 각인되었다. 우리에게는 인생에서 가장 난감한 순간으로 꼽힐 수 있는 장면이었다. 피구 공 하나 사줄 만한 형편이 되지 못한 부모님들이 그 공 값을 책임지고 물려줄 것도 아니었고, 자기 공도 아니고 주인집 공을 가지고 나온 식모 언니의 상황까지 우리는 앞으로의 일을 전혀 가늠할 수 없었다. 우리는 약해지기는 했지만, 조직이었고 무엇보다도 돈을 모을 줄 알았다. 다시 고철을 주웠느냐고? 어머니에게 맞아 죽고 싶지 않았고 빨리 이 상황을 모면하기 위해 회의를 통해서 해결책을 찾아야만 했다.

(마) 우리는 라면 박스를 구해 그 겉에 도화지를 붙였다. 말끔해진 상자 위에 네모난 구멍을 뚫었고, 겉표지에 이렇게 적었다.

"모금함"

우리는 모금함을 만들었고, 상가들을 돌았다. 전후 사정을 설명했고, 어른들은 껄껄 웃으며 돈을 넣어주셨다. 아직까지도 야속한 분이 기억에 남는데, 한복 집을 했던 아주머니는 100원만 주겠다고 하셨는데, 잔돈이 없다고 했다. 1000원을 줄 터이니 900원을 돌려 달라고 했고, 잔돈이 없었던 우리는 그 집에서 모금함을 뜯고 잔돈을 드렸다. 우리는 나오면서 그 아주머니를 험담했고, 다시 모금함을 만들었다. 공을 사줬는지, 돈이 얼마나 모였는지는 기억이 나지 않는다. 그냥 식모 언니가 어색하게 웃고 있던 모습은 남아있는데, 돈을 받아서였는지, 주인집에서 그냥 넘어가자고 했던 것인지는 모르겠다. 하늘이 붉게 물들어갈 시간이었으니, 낮부터 꽤 많은 시간을 모금했던 것 같기는 하다. 아, 물론 그 뒤로 그 식모 언니와 놀지는 못했다.

※갈라 먹다: '나눠 먹다'의 경상도 방언

- 야속하다
- 각인되다
- 가늠하다
- 모면하다
- 험담

1. 이 글에 대해서 맞게 설명한 것을 고르십시오. (　　　　)

① 사회의 문제점에 대해 비판하고 있다.

② 자신의 경험을 재치 있게 서술하고 있다.

③ 자기의 생각을 논리적으로 주장하고 있다.

④ 어떤 사건에 대해 객관적으로 설명하고 있다.

2. (가)에서 '나' 는 어린 시절에 '살았던 곳' 을 어떻게 기억합니까?

3. (나)에서 작은언니는 왜 파벌의 피해자가 되었습니까? 그리고 어떻게 사건이 해결되었습니까?

4. (다)와 (라)에서 '나' 의 어린 시절의 놀이 방식은 어떠했습니까?

5. (라)와 (마)의 사건과 어울리는 속담을 고르십시오. (　　　　　)

① 피는 물보다 진하다.

② 부모가 착해야 효자가 난다.

③ 가지 많은 나무에 바람 잘 날이 없다.

④ 고슴도치도 제 새끼는 함함하다고 한다.

6. 여러분은 가족과 함께 한 어린 시절의 추억을 어떻게 기억하고 있습니까?
가족과 함께 나눈 어린 시절의 추억을 회상하며 이야기해 보십시오.

문법 및 표현

1. V-던 터라

: 과거의 사건, 상황을 회상하면서 이유를 말할 때 사용한다.

- 예약을 해 두었던 터라 오래 기다리지 않았다.
- 일이 없던 터라 대다수의 시간을 집에서 보냈다.
- 나 역시 그를 신뢰하고 있었던 터라 꼭 한번 만나게 해 달라고 부탁했다.

2. V-ㄴ/은/는 양

: 어떤 모양을 하고 있거나 어떤 행동을 하는 것처럼 보임을 나타낸다.

- 그 아주머니는 무척이나 바쁜 양 자꾸 시계를 들여다보며 초조해했다.
- 그는 30분이나 늦은 여자 친구에게 이해심이 바다처럼 넓은 양 애써 웃어 보였다.
- 서로 각자 영역에서 자기만 최고인 양 떠벌리기도 했지요

3. V-던 차에

: '어떤 일을 하려는 기회에 잘 되었다' 는 뜻을 나타내거나 앞 문장의 일을 하려는 기회에 뒤 문장의 일을 한다는 뜻을 나타낸다.

- 배가 고프던 차에 마침 잘 됐네요.
- 마침 나가려던 차에 친구에게 전화가 왔는데 다음에 만나자고 하더라고요.
- 그분에게 점차 호감이 가던 차에 그 분의 친구들이 하는 이야기를 들으니 더 마음이 가던 걸요.

듣고 말하기2 612

다음은 라디오 사연의 한 부분입니다. 잘 듣고 질문에 답하십시오.

1. 어떤 사람들에 관한 이야기입니까?

2. 라디오 사연과 관계 없는 내용을 고르십시오. (　　　　　)
   ① DJ의 조언
   ② 1인 가구의 증가 이유
   ③ 남자와 여자의 새해 다짐
   ④ 남자와 여자의 스트레스 해소법

3. DJ는 1인 가구에 대해 어떻게 생각합니까?

4. 라디오 사연 속에 여자는 무엇을 걱정하고 있습니까?

5. 남자는 결혼한 친구들에 대해 어떻게 생각했습니까?

- 기피하다
- 시집가다
- 들뜨다
- 시달리다
- 뜸하다
- 앞두다
- 독신
- 충실하다
- 곧잘
- 현관문
- 기필코
- 무소식이 희소식
- 강인하다

6. 다음 중 두 남녀에 대한 설명으로 맞는 것을 〈보기〉에서 찾아보십시오.

〈 보기 〉	
① 요리가 수준급이다.	② 노후준비가 불안하다.
③ 잠을 잘 못 이룬다.	④ 회사일로 늘 피곤하다.
⑤ 지금의 생활에 익숙하다.	⑥ 친구들과 소식이 끊어졌다.
⑦ 내년에는 짝을 만나고 싶다.	⑧ 회사에서 지위가 높다.

여자	남자

7. 여러분이 라디오 사연의 청취자라면 다음 사연을 듣고 두 남녀에게 어떤 말을 해 주고 싶은지 빈칸에 써 보십시오.

이름 ____________ 비밀번호 ____________

0/250자

↳

0/250자

문법 및 표현

1. V-기(가) 짝이 없다

: 정도나 감정이 비교할 대상이 없을 만큼 대단하거나 심할 경우에 사용한다.

- 오죽했으면 지루하기가 짝이 없는 영화라고 했을까?
- 나 역시 철없던 어린 시절의 내 자신을 돌아보면 한심하기 짝이 없다.
- 어떤 일이든 약자를 대상으로 감정적으로 대응하겠다는 것은 유치하기 짝이 없는 일이다.

2. AV-고서(야)

1) '고서'의 강조 표현으로 앞의 행동이 먼저 끝났거나 당연한 사실임을 강조할 때에만 사용한다.

- 그들은 결혼식을 하고서야 신혼여행을 떠났다.
- 그 사람이 잘 도착했다는 연락을 받고서야 마음을 놓을 수 있었다.

2) 'V-ㄹ/을 수 없다, V-겠니?/V-겠어?' 등의 표현과 함께 쓰이며 뒤 문장의 상황이 일어나기 힘들거나 불가능함을 강조할 때 사용한다.

- 그래 가지고서야 어떻게 시험에 합격하겠니?
- 천재가 아니고서야 이 문제를 풀 수 있는 사람은 없어.

3. N(으)로 미루어

: 앞 문장에서 이미 알려진 내용을 바탕으로 뒤 문장의 사실을 짐작하거나 추측할 때 사용한다.

- 평소 행동으로 미루어 보면 절대로 그런 실수를 할 사람이 아니다.
- 이러한 상황으로 미루어 볼 때 그 논쟁은 앞으로도 계속될 전망이다.
- 사람을 판단할 때 첫인상으로 모든 것을 미루어 짐작하다가는 실수를 하기 쉽다.

4. V-ㄴ/은/는 축에 들다

: 어떤 상태나 동작의 특성이 있는 편에 속하거나 그 쪽에 가깝다는 것을 나타낼 때 사용한다.

- 이 마을에서 60세는 꽤 젊은 축에 든다.
- 그는 우리 반에서 공부를 잘하는 축에 든다.
- 그녀는 빼어나게 예쁜 외모는 아니지만 예쁜 축에 든다.

쓰고 말하기

가족과 함께 한 〈어린 시절의 추억〉에 관한 수필을 써 보십시오.

처음	◆ 어린 시절을 어떻게 기억하는지 자유롭게 써 보십시오. ◆ 어린 시절의 '살았던 곳'을 떠올리며 그곳에 대한 느낌을 써 보십시오.
중간	◆ 가족과 함께한 어린 시절의 추억 중 가장 기억에 남는 일을 써 보십시오. 예) 가족과 함께 떠난 여행, 형제(자매, 남매)와 함께 한 재미있는 놀이 방식 등
끝	◆ 마지막으로 어린 시절에 가족과 나눈 추억을 정리하며 가족 사랑에 대한 자신의 느낀 점이나 생각을 쓰십시오.

통합 활동

다음은 남녀의 결혼생활 만족도를 조사한 기사입니다. 여러분은 결혼에 대해서 어떻게 생각하고 있습니까? 기사를 읽고 결혼은 필수인지 선택인지 친구들과 이야기해 보십시오.

결혼 전 후 만족여부 – 남녀비교

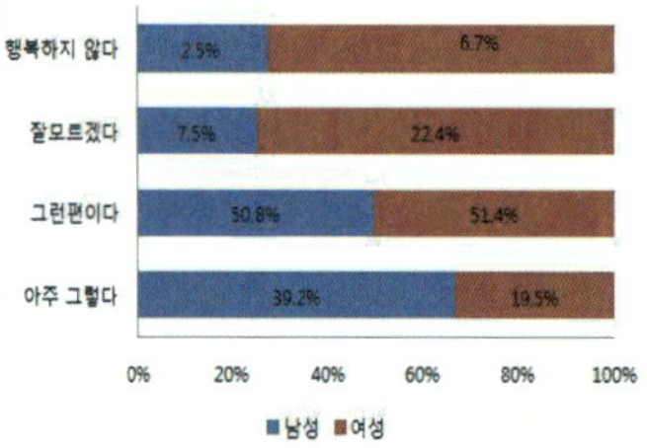

결혼생활 힘들 때 – 남녀비교

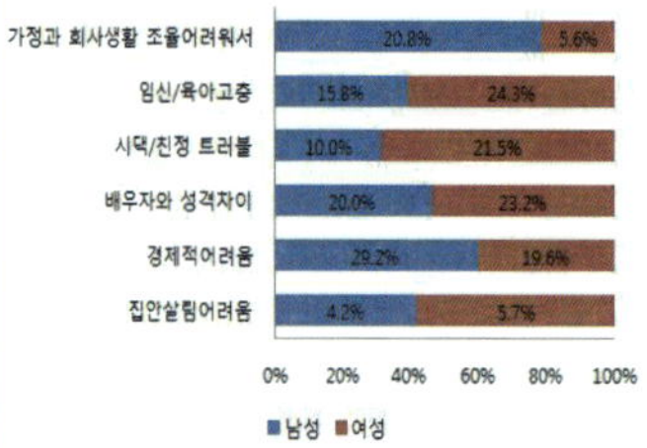

다시 태어나도 지금 배우자와 다시 결혼할지 여부 – 남녀비교

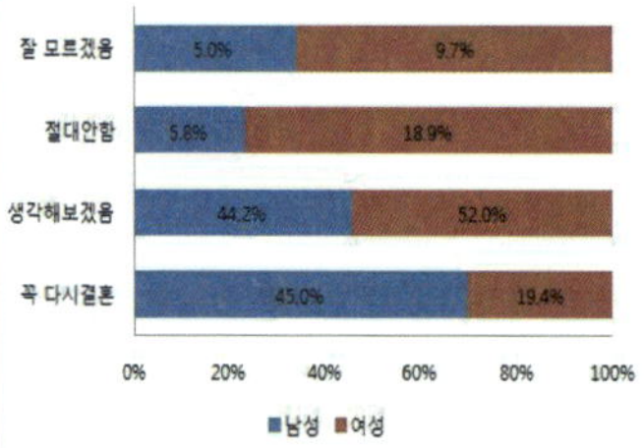

최근 한 기관에서 전국 기혼 남녀를 대상으로 '결혼생활 만족도' 에 대한 설문 조사를 실시한 결과 아내보다 남편이 더 만족하는 것으로 나타났다.

설문 조사 결과 결혼 전과 후를 비교했을 때 결혼 전보다 아주 행복해졌다는 의견은 여성이 남성의 절반에 불과한 반면 행복하지 않다는 대답은 여성이 남성보다 3배나 많았다. 남녀의 결혼 만족도가 차이를 보이는 것은 임신과 육아 고충, 가사 부담, 시댁과의 갈등 때문인 것으로 나타났다. 또한, 다시 태어나도 지금의 배우자와 결혼하겠다는 대답 역시 여성이 남성의 절반에도 미치지 못했다.

결혼 18년차 직장인 김미진 씨는 사회적 지원이 늘어났다고는 하나 결혼과 동시에 가사와 육아가 여전히 무거운 짐이 된다고 했다. 하지만 결혼 1년차 윤성훈 씨는 결혼 후 남자로서 신경 쓸 부분이 줄어들고 심리적으로 안정이 되어 결혼에 대한 만족도가 높다고 했다.

그럼에도 불구하고 기혼 남녀 모두가 결혼 생활이 소중한 것은 자녀 때문이었다고 했는데 인하대학교 사회교육학과 이수정 교수는 가정에서 남성들이 육아와 가사를 적극적으로 도와준다면 여성들의 생각이 바뀔 것이며 행복한 결혼 생활의 해답은 깊은 신뢰가 동반된 이해와 배려에 있다고 하였다.

결혼 생활의 긍정적인 면	독신 생활의 긍정적인 면
• 항상 제 편이 되어 주는 가정이 있어서 든든해요. • 안정적인 노후생활을 기대할 수 있어요.	• 누구의 간섭도 받지 않고 자유롭게 살 수 있어요. • 경제적인 안정보다 자신의 행복이 더 중요하죠.

문화 산책

다음은 지난 50년간 한국의 인구정책에 관한 글입니다. 각 시대별 한국의 인구 정책 변천사를 살펴보십시오.

1960년대 "덮어놓고 낳다 보면 거지꼴을 못 면한다."

공식적으로 가족계획사업이 등장한 시기는 1960년대 초이다. 한국전쟁 이후 '베이비붐' 시대가 열리면서 1960년대 출산율은 6명이었다. 2012년 출산율 1.3명을 감안해 본다면 그 때는 집집마다 아이들의 울음소리가 넘쳐났을 것이다. 그 시절 정부는 높은 출산율이 국가 경제 성장을 저해한다고 판단해 '다자녀=빈곤'을 강조한 슬로건과 표어를 내세웠다.

1970년대 "딸 아들 구별 말고 둘만 낳아 잘 기르자"

60년대 정부의 지속적인 홍보로 출산율은 4명대로 떨어졌으나 정부의 목표는 가구당 아이를 2명 수준으로 떨어뜨리는 것이었다. 그래서 이때 임신 중절 수술이 합법화되고 피임에 대한 대대적인 홍보가 이루어졌다. 이 시기는 피임을 내세우거나 아들을 낳기 위해 딸을 계속 낳았던 상황을 풍자하는 재미있는 슬로건들이 많았다.

1980년대 "하나씩만 낳아도 삼천리는 초만원"

1980년에 들어서서 출산율은 2.83명까지 하락됐지만 정부의 인구 억제 정책은 멈추지 않았다. 게다가 아들 · 딸을 구별하는 인습도 인구증가의 원인이 되었기에 '둘도 많다', '여보!, 우리도 하나만 낳읍시다.', '잘 키운 딸 하나 열 아들 안 부럽다.' 등 노골적으로 1명만을 낳을 것을 홍보했다. 그러나 80년대 중반에 들어 출산율이 1.5명대로 떨어지면서 인구 정책의 변화가 감지되어 20대 여성의 피임보급 전략을 불임에서 일시적 피임으로 바꿨고, 정부의 피임제품 무료 보급도 축소시켰다.

1990년대 "아들 바람 부모 세대, 짝꿍 없는 우리 세대"

90년대 초반에는 출산율이 1.7명대까지 떨어지면서 정부의 출산정책도 혼란에 빠지게 되었다. 또한, 성비 불균형 문제가 사회 문제로 드러나면서 '더 낳자.', '덜 낳자.'는 주문 대신 남아 선호 사상을 없애려는 방향이 대세를 이뤘다.

90년대 중반으로 넘어오면서 저출산 경향이 뚜렷해져 결국 정부는 96년에 공식적으로 수십 년간 이어온 인구 억제 정책을 폐지하게 된다. 하지만 국민은 저출산에 대한 위기를 심각하게 느끼지 못한 채 2000년을 맞았다.

2000년대 "아빠 엄마! 혼자는 싫어요"

결국 2000년대 들어서면서 저출산은 큰 문제가 되기 시작했다. 2004년부터 정부는 인구정책을 본격적인 출산 장려로 전환했고, 급기야 저출산 극복 5개년 기본계획을 발표했다.

그리고 2009년, '가가호호 아이둘셋 하하호호 희망한국', '출산은 감동, 육아는 보람, 가족은 행복' 등 출산 장려를 위한 새로운 캠페인 문구가 선정되었다.

2013년 "마음을 더하세요, 마더하세요"

2011년도부터 "마음을 더하세요, 마더하세요" 캠페인이 진행되고 있다. 아이를 낳는 것의 중요성을 외치던 과거와는 달리 아이들이 제일 행복한 사회를 만들기 위해 엄마, 아빠, 그리고 기업의 마음을 더하자는 문화 캠페인이다.

2013년에는 이 캠페인의 일환으로 '아빠, 육아의 기쁨을 찾으세요!' 라는 주제의 광고를 진행하고 있는데 아빠들의 육아 참여를 어렵게 하는 직장문화와 분위기를 변화시키기 위한 캠페인이다.

M.E.M.O.

제7과 지식의 길

학습 주제
교육

학습 목표
지식을 소통하는 토론 문화를 이해하고 문화권에 따른 학습 방식을 살펴본다.

어휘 학습
교육 관련 어휘

듣고 말하기
일상 대화
교육에 대한 주제 토론

읽고 말하기
토론 문화에 대한 사설

쓰고 말하기
자국의 교육 제도에 대한 비판문

문법 및 표현
V-ㄹ/을 겨를이 없다, V-거늘, N(으)로 하여금,
V-ㄹ/을 성싶다, N을/를 비롯하다

통합 활동
학습 방법에 대한 좌담회

문화 산책
학술 논문

7 지식의 길

들어가기

1. 여러분의 나라의 학제에 대해서 설명해 보십시오.

2. 친구들과 함께 나만의 공부 방법에 대해 이야기해 보십시오.

듣고 말하기1 613

두 사람이 대화하고 있습니다. 잘 듣고 질문에 대답하십시오.

1. 두 사람은 무엇에 대해 이야기하고 있습니까?

2. 여자는 다큐멘터리를 보고 어떤 생각을 했습니까?

3. 다음 중 남자의 이야기가 아닌 것을 고르십시오. (　　　　)

① 매일 쉴 틈 없이 공부했고 특히 암기식 공부가 힘들었다.
② 지금까지 배운 것을 다른 사람에게 나누어 주고 싶어 한다.
③ 공부하는 것은 의미있고 행복한 일이라고 생각한다.
④ 학창시절에 대학 입시에서 실패하면 인생이 불행해진다고 생각했다.

4. 여러분이 공부를 하는 목적은 무엇인지 이야기해 보십시오.

1. V-ㄹ/을 겨를이 없다

: 어떤 일을 하다가 다른 일을 하거나 생각을 다른 데로 돌릴 수 있는 시간적인 여유가 없음을 나타낸다.

- 일 때문에 정신없이 바빠서 결혼은 생각할 겨를이 없어요.
- 사람은 할 일이 많을 때 오히려 바쁘다고 생각할 겨를조차 없다.
- 그를 만나는 사람은 누구도 지루하다거나 재미없음을 느낄 겨를이 없다.

- 공붓벌레
- 암기식
- 치열하다
- 망치다
- 뚜렷하다

어휘 학습

1. 다음은 교육과 관련된 말입니다. 알맞은 단어를 골라 괄호 안에 쓰십시오.

가정교육	인성교육	공교육	사교육	교육열	학구열

1) 교육에 대한 열의 ____________

2) 학문 연구에 대한 열정 ____________

3) 학교에서 실시되는 수업과 보충수업, 방과 후 수업 ____________

4) 지식, 신체, 도덕을 조화롭게 발달시키기 위한 마음의 교육 ____________

5) 가정의 일상생활에서 예의범절, 정서 등 인격 형성에 중점을 두는 교육 ____________

6) 고액의 비용을 지불하면서 입학시험 준비를 하는 과외수업이나 직업 기술을 가르치는 학원에서의 교육, 학원, 과외 등으로 개인이 교육비를 따로 주면서 공부하는 방식 ____________

2. 알맞은 단어를 골라 문장을 완성하십시오.

터득하다	습득하다	탐구하다	탐색하다

1) 무엇보다 중요한 것은 세상의 정보를 끊임없이 ____________ 보면 몰라보게 넓어진 자신의 인생을 발견하게 될 것이다.

2) 학창시절에는 건강하고 조화로운 발달을 추구하며 다양한 분야의 경험과 지식을 익혀 적극적으로 진로를 ____________는 것이 필요하다.

3) 우리는 관심이 있는 분야를 즐기다 보면 좋아지고, 깊이 ____________ 보면 남다른 실력, 창의력 있는 사람이 되어 자기만의 세계가 열릴 것이다.

4) 동아리에서 직접 학습 계획을 짜고, 모르는 문제가 나오면 친구들과 머리를 맞대고 토론하면서 스스로 공부하는 방법을 ____________게 큰 힘이 됐습니다.

3. 알맞은 속담을 골라 대화를 완성하십시오.

한 우물을 파다	서당 개 삼 년에 풍월을 읊는다
열 번 찍어 안 넘어가는 나무 없다	벼 이삭은 익을수록 고개를 숙인다

1) 가: 요즘 자기 잘난 맛에 사는 사람들을 보면 ____________________는 속담이 떠올라요.
   나: 맞아요. 학력은 높아졌지만 겸손한 마음도 사라지고 부쩍 남을 배려하는 마음이 없어져 가는 듯해서 안타까워요.

2) 가: 남들이 하지 않는 직업을 선택해서 인정받기는 참 어려운데 대단하세요.
   나: 어떤 일이든 집중해서 ____________________다 보면 기대도 하지 않았던 좋은 일이 생기고 길도 보이는 것 같아요.

3) 가: 이번 시험을 그토록 열심히 준비했건만 아무리 해도 안 되는 일이 있나 봐요.
   나: 무슨 그런 말을 해요. ____________________고 노력하면 안 되는 게 없어요. 다시 한번 도전해 보세요.

4) 가: 옛말에 ____________________다는 말이 있는데 특히 요즘은 인터넷이 발달되어 전문가가 아니어도 인터넷 검색만 해도 간략한 지식 정도는 습득할 수 있는 것 같아요.
   나: 저도 매일 경제 신문을 꼼꼼히 읽다 보니 경제 박사가 다 된 것 같다니까요.

4. 다음은 학문과 교육에 관련된 한자성어입니다. 상황에 어울리는 한자성어를 써 보십시오.

주경야독	괄목상대	청출어람	백년대계

1) __________(이)라더니 이제 선생님이 너에게 배워야겠구나.

2) 낮에는 직장생활을 하고 밤에는 대학원에 다니며 __________하는 직장인들이 늘어나고 있다.

3) 일반적으로 교육은 __________(이)라고 하지만 한국의 교육 정책은 장기적이지 못하고 꾸준하지도 못한 것 같아요.

4) 학생들의 발음이 1년간 배운 한국어 실력이라고 믿기 어려울 만큼 그 실력이 ____________________할 정도로 향상되었다.

읽고 말하기

우리는 하루에도 수십 개씩 날아오는 전화와 문자, 전자 우편, 소셜 네트워크서비스(SNS)를 통해 새로운 사람들과 관계를 형성하고 유용한 정보를 간편하게 얻기도 한다. 지식정보 사회에서는 타인의 사고와 감성을 존중하고 공감하려는 자세가 행복하고 원활한 인간관계를 위해 꼭 필요한 덕목이다.

최근 텔레비전에서 세계적인 석학들이 만나 밤새도록 토론을 하는 다큐멘터리를 보았다. 그들은 세계적인 지식인이거늘 어째서 오랜만에 만난 친구들과 수다를 떠는 느낌이 드는 것일까? 지식인들은 진지하면서도 유쾌하였다. 그들의 토론은 토론의 진수를 보여 주었을 뿐만 아니라 나로 하여금 배려와 존중, 지식 소통의 즐거움을 깨닫게 하였다.

토론에서 가장 중요한 것은 듣기, 바로 '경청'이다. 대부분의 사람들이 토론의 핵심을 말하기라고 하지만 실제로 토론을 해 본 사람이라면 말하기보다 더 중요한 것이 듣기라는 것을 알 것이다. 잘 들어야 상대편의 의견에 반론을 제기할 수 있고 자기의 의견도 존중 받을 수 있다. 토론은 쟁점이 생기는 것을 찬반으로 나눠 논쟁을 벌이는 것인데 이때 토론에 익숙하지 않은 사람은 무작정 자기 의견이 옳다고 우기고 고집을 부리는 경우가 많다. 게다가 자신의 의견이 관철되지 않으면 그 자리에서 고성을 지르는 사람도 분명 있을 성싶다. 하지만 다른 사람의 의견을 경청하고 존중하는 사람에게는 타인의 의견과 인격을 존중하는 태도가 내재화되어 있다.

이런 토론 역시 연습이 중요하다. 토론을 함으로써 여러 가지 효과를 얻을 수 있는데 의견이 같은 사람들과 논제에 대해 힘을 합쳐 각종 정보와 지식을 교환하며 의사소통의 기술을 자연스럽게 습득할 수 있게 된다. 또한 토론을 준비하기 위해 다양한 매체를 통해 정보를 수집하고, 요약을 비롯해서 인터뷰나 설문조사를 실시하여 다양한 정보 수집 활동을 수행해야 한다. 그로 인해 다양한 자료를 정확하게 활용하면 사고가 넓어져 어떤 사안에도 입체적으로 생각하는 능력이 자연스레 길러진다. 즉, 정확한 논제를 스스로 파악하고 분석하면서 문제 해결 능력까지 형성된다.

미국의 한 정치 철학자는 정의로운 판단을 해야 할 때 가족과 토론을 통해 결과를 도출하는 길을 선택하겠다고 하였다. 그는 어릴 적부터 식사가 끝나고 가족과 하루 일과를 이야기하고 함께 고민을 나누고 시사, 뉴스거리를 자유롭게 토론하였다고 한다. 지금도 그의 학생들과 암기식보다 질문과 토론의 수업을 즐긴다고 한다. 이러한 소통 방식에 익숙한 사람은 다른 사람과 의견이 충돌하더라도 당황하거나 흥분하지 않고 상대

- 석학
- 유쾌하다
- 진수
- 경청
- 관철되다
- 내재화
- 정의롭다
- 도출하다
- 시사

방과 의견을 조율하여 원만한 합의점을 찾는 것이 그리 어렵지 않다. 항상 타인의 반론을 수긍하고 존중할 줄 아는 마음의 여유가 있으니 말이다. 즉, 토론은 학습적인 측면뿐만 아니라 유연한 의사소통, 인간관계, 사회생활까지 그 영향을 미치는 인성교육도 가능하다.

토론은 깨우침을 얻고 진리를 추구하는 데 가장 친근하고 유력한 학습 방법이다. 세계적인 인재를 길러내는 명실상부한 세계 최고의 대학들은 하나같이 토론식 수업이 지식을 얻는 데 최적의 학습 비결이라고 한다. 토론을 통해 다른 의견을 수용하고 결론을 내는 것은 중요한 작업이자 학습 도구가 될 수 있다. 그러나 지식이 많다고 하여 원활한 토론이 이루어지는 것은 아니다. 자신이 깨달은 바를 입증하고 널리 펴기 위해 다른 사람의 사고와 감성을 수용하고 함께 사고하고 호흡하는 것이야말로 진정으로 지식을 소통하고 즐기는 일이다.

1. 이 글은 무엇에 대한 글입니까?

2. 작가는 행복한 인간관계를 위해 필요한 가치가 무엇이라고 생각합니까?

3. 토론에서 가장 중요한 것은 무엇입니까? 왜 그것이 중요합니까?

4. 다음의 글을 읽고 유추할 수 있는 내용이 아닌 것을 고르십시오. (   )

① 토론은 학교 교육에서 친숙하고 가장 효과적인 학습 방법으로 활용할 수 있다.
② 일상생활에서 가족 간의 대화를 통해 원만한 의사소통 능력이 향상될 수 있다.
③ 지식을 넓히고자 한다면 상대방의 주장을 의미 있게 받아들이는 자세가 우선이다.
④ 공부를 잘하기 위해서 집중력을 발휘하여 듣는 것보다 논리적으로 말하는 것이 중요하다.

5. 미래에 우리가 추구해야 할 진정한 공부의 길이 무엇이라고 생각합니까?

- 충돌하다
- 조율하다
- 합의점
- 수긍하다
- 명실상부
- 입증하다

문법 및 표현

1. V-거늘

: 앞 문장의 사실을 미루어 뒤 문장의 내용도 당연히 그러해야 함을 강조할 때 사용한다.

- 십 년이면 강산도 변하거늘 사람인들 어찌 변하지 않으리까.
- 내가 그렇게 누누이 이야기했거늘 아직도 그 버릇을 못 고쳤느냐?
- 이런 책은 한국 사람도 어렵거늘 외국 사람이 어려워하는 건 당연하지요.
- 수십 년을 함께 해 온 사람이거늘 어쩜 저리도 매정하단 말이오.

2. N(으)로 하여금

: 어떤 대상에게 무엇을 하도록 하는 것을 나타낸다.

- 할아버지는 삼촌으로 하여금 재기에 성공하게 만든 장본인이다.
- 학생들로 하여금 학습을 하게 만드는 에너지를 학습 동기라 한다.
- 나로 하여금 웃을 수 있는 사람이 있다는 것만으로도 행복해집니다.

3. V-ㄹ/는/을 성싶다

: 앞말이 뜻하는 상태를 어느 정도 느끼고 있거나 짐작함을 나타낼 때 사용한다.

- 될 성싶은 나무는 떡잎부터 알아본다.
- 정원의 넓이가 이 집의 면적의 두 배는 되는 성싶네.
- 할아버지의 병환이 차도가 보이긴 하나 워낙 연로하셔서 완쾌하시기는 어려울 성싶다.
- 혼자 살기 외로우니 아무래도 같이 살자는 말인 성싶네.

듣고 말하기2 614

다음의 회담을 잘 듣고 질문에 답하십시오.

1. 이 회담의 주제는 무엇입니까?

2. 다음 중 회담의 내용과 다른 것을 고르십시오. (　　　　)
   ① 독일은 자율적인 학습을 중요하게 생각한다.
   ② 요르단은 한국과 곱셈을 공부하는 방식이 다르다.
   ③ 동양에서는 타인의 기대를 만족시키는 것이 중요하다.
   ④ 나라마다 공부 방법은 다르나 경쟁을 추구하는 것은 비슷하다.

3. 들은 내용을 바탕으로 각 나라의 학습 방식을 살펴보고 이 두 문화의 학습방식이 다른 배경에 대해서 함께 이야기해 보십시오.

	학습 방식	배경
한국		
요르단		없 음
독일		

4. 여러분은 동양과 서양의 공부 방식이나 공부 철학에 대한 차이점을 느껴 본 경험이 있는지 함께 이야기해 보십시오.

- 체득하다
- 잣대
- 거부감
- 부응하다
- 동기부여
- 성취
- 산물
- 자산

문법 및 표현

1. N을/를 비롯하다

: 여럿 가운데서 처음 혹은 중심으로 삼는다는 뜻이다.

- 시험을 비롯해서 평가받는 모든 일을 앞두고는 늘 불안하다.
- 피로는 감기를 비롯해서 모든 질병에 대한 육체적 저항력을 약화시킨다.
- 마라톤 대회로 인해 이곳은 대중교통을 비롯한 차량 이동이 전면 통제되었습니다.

쓰고 말하기

여러분 나라의 교육제도에 대해 비판하는 글을 쓰려고 합니다. 글의 개요를 작성하고 교육제도에 대한 비판문을 써 보십시오.

제목: ______________________________

들어가는 말	자국의 교육제도 소개	
본문	자국의 교육제도에 대한 문제점	
	자국의 교육제도에 대한 개선 방향	
맺는말	자국의 교육제도에 대한 자신의 생각	

통합 활동

우리 학교 교육이 나아가야 할 방향에 대한 좌담회를 열어 함께 이야기해 보십시오.

1. 좌담회의 의미를 알아보십시오.

좌담회의 목적은 주제에 대하여 참석자끼리만 여러 가지 지식이나 의견을 나누는 것이 아니라, 그 이야기를 직접적이나 간접적으로 듣거나 읽는 사람들이 그것을 통해 이익을 얻게 하는 데 있다. 무엇을 결정한다기 보다도 그 이야기 자체를 전개하는 과정이 더 흥미가 있다. 현재는 거의 매일 방송, 출판물 등에 등장하며, 신문, 잡지뿐만 아니라 단행본으로 출판하는 일도 있다.

사회자 (좌장)	참석자
사회자는 그 주제에 대하여 넓은 지식을 가지고 있어야 한다. 사회자가 이야기를 듣는 방법, 유도해 내는 방법에 숙련된 사람일 때에 보다 좋은 좌담회로서 소기의 목적을 달성할 수 있다. 또, 그 분야의 전문가가 사회자를 맡는 경우가 많으므로 사회자가 자신의 의견을 말하는 경우도 종종 있다.	참석자는 주제에 관한 전문가이거나 그 분야의 연구자 혹은 종사자가 선정된다. 청중은 그 주제에 대하여 단시간에 주제의 문제점을 파악하게 되지만 그것만으로 모든 것을 알았다고 생각하거나 특정한 사람의 의견을 완전히 자기 것으로 받아들이는 자세는 위험한 일이므로 어디까지나 그 주제에 대한 단서로 삼아야 할 것이다.

2. 좌담회의 진행 순서를 알아보십시오.

좌담회 개회	
↓	
좌담회 참여자 소개	
↓	
좌담회 주제 소개	
↓	
좌담회 참여자의 발언 및 토론(토의)	
↓	
청중 질의 및 응답	
↓	
좌담회 참여자 발언 마무리 및 정리	
↓	
좌담회 내용 정리 (사회자 / 좌장)	

3. 좌담회 후 친구들과 상호 보완점을 이야기해 보십시오.

문화 산책

다음은 논문의 〈차례〉와 〈국문초록〉입니다. 다음을 읽고 학문적인 글의 표현 방법을 살펴보십시오.

유머를 활용한 한국어 교육 방안

차 례

최권진 *

[국문초록]

유머는 언어를 사용하는 모든 사람들이 일상생활에서 활용하는 언어 행위이다. 그럼에도 불구하고 외국어로서의(제2언어로서의) 한국어교육에서는 그 활용과 연구가 미진하다. 특히 교실에서 의도적인 수준에서 거의 교육 자료로 활용되지 않고 있는 실정이다.

이 연구는 유머가 한국어교육이 진행되는 교실 수업에서 효과적이고 체계적으로 사용될 수 있도록 유머를 활용하는 교수-학습 방법을 제시하는 것을 목표로 한다. 이를 위해 먼저 유머의 개념과 교육학적 가치를 살펴보았다. 그리고 교실 수업에서 유머를 교육 자료로 활용하여 수업을 진행하는 실제를 보이도록 하겠다.

유머는 남을 웃기거나 즐겁게 하기 위해 의도적으로 만든 웃음 유발 장치를 갖춘 언어 표현이다. 하지만 유머가 소통되고 공유되기 위해서는 유머 텍스트가 존재해야 하며, 발화자와 수용자 사이에 언어적 요소와 비언어적 요소가 상호작용하여야 한다. 적절히 활용되는 유머는 한국어교육에서 효과적인 교육 도구가 될 수 있는데, 유머가 건강한 학습 환경을 증진하기 때문이다. 하지만 유머가 체계적으로 사용되지 않으면 교실의 무질서, 혼란, 비생산성을 초래할 수도 있다. 또한 실제 언어생활에서 유머는 매일매일 벌어지는 사회 상호활동의 일부이기 때문에 한국어 학습자도 유머를 이해하고 표현할 수 있어야 한다. 이를 위해 유머도 영화, 드라마, 문학작품과 마찬가지로 한국어 교육의 일부가 되어야 한다.

유머가 교육에 활용되기 위해서는 한국어 학습의 목적, 텍스트의 유형 및 선정 기준, 유머의 내용과 소재, 유머를 활용한 수업 활동, 유머의 교육 대상 등이 먼저 활용의 원칙으로 구체화되어야 한다. 유머는 '자료 수집⇒선별⇒정치화⇒객관화⇒시범 사용⇒완성' 의 단계를 거치며 수정되고 보완되면서 하나의 교육 자료로 완성된다. 이 과정을 거쳐 교육 목적에 맞게 다듬어진 하나의 유머 텍스트는 '제목⇒유머 텍스트⇒어휘 활동⇒문법 활동⇒내용 확인⇒확장 활동⇒부록' 의 순서로 교수되고 학습된다.

국문 주제어: 유머, 한국어 교육, 교육 자료, 교육 도구, 유머의 활용

---

* 인하대학교 언어교육원

M.E.M.O.

제8과 한국의 현대사

학습 주제
역사

학습 목표
한국 현대사의 중요한 사건을 이해하고
모국의 역사에 대해서 설명할 수 있다.

어휘 학습
한국 현대사 관련 어휘

듣고 말하기
새마을 운동 캠페인
가장 기억에 남는 사건에 대한 인터뷰 듣기

읽고 말하기
한국전쟁에 대한 설명문

쓰고 말하기
역사적 인물에 대해 글쓰기

문법 및 표현
AV-기가 무섭게, N을/를 무릅쓰고,
AV-ㄴ/은/는 끝에, V-ㄴ/은/는 마당에

통합 활동
역사신문 만들기

문화 산책
영화로 보는 한국 현대사

DHL

8 한국의 현대사

들어가기

1. 여러분에게 가장 기억에 남는 역사적 사건은 무엇이 있는지 이야기해 보십시오.

2. 우리가 역사를 아는 것이 왜 중요하다고 생각합니까?

듣고 말하기1 615

노래의 가사를 잘 듣고 질문에 대답하십시오.

1. 노래를 듣고 난 후의 느낌을 모두 고르십시오.

□ 희망차다　□ 비장하다　□ 애처롭다　□ 활기차다　□ 감미롭다

2. 이 노래를 만든 목적으로 알맞은 것을 고르십시오. (　　　　)

① 상품을 광고하기 위해
② 주술적인 목적을 위해
③ 일의 능률을 높이기 위해
④ 특별한 날을 기념하기 위해

3. 사진과 가사를 통해 당시 한국의 사회적 배경에 대해 추측하여 이야기해 보십시오.

- 초가집
- 알뜰살뜰
- 굳세다
- 조국
- 비장하다
- 주술적

어휘 학습

1. 빈칸의 알맞은 단어를 찾아 한국 현대사에서 일어난 사건들의 기록해 보십시오.

추진하다	논의하다	침범하다	수립되다	전개하다	진출하다

한국 역사 사전
1) 1948년 대한민국 정부 수립 5월 10일, 한국에서 처음으로 국민 투표에 의해 정부가 ______________________________.
2) 1950년 한국 전쟁 6월 25일, 새벽에 북한의 공산군이 남한으로 ______________________________.
3) 1962년 제1차 5개년 계획 박정희 정부에서 경제 발전을 위해 5년 단위로 계획을 세워 정책을 ______________________________.
4) 1980년 5·18 광주 민주화 운동 광주와 전라남도 일대의 시민들이 전두환 군사 정부의 독재를 반대하여 민주화 운동을 ______________________________.
5) 2000년 남북 정상회담 개최 남북의 최고 지도자가 평양에서 만나 6·15 공동 선언을 통해 이산가족 문제, 경제 협력 등을 ______________________________.
6) 2002년 한일 월드컵 한국과 일본에서 공동으로 개최된 월드컵으로 사상 처음 4강에 ______________________________ 열띤 응원을 이끌어냄.

2. 다음 중 알맞은 관용표현을 찾아 쓰십시오.

등을 돌리다　　손꼽아 기다리다　　손에 손을 잡다　　엎친 데 덮친 격이다

1) 전쟁이 끝난 후 남한과 북한은 서로에게 철저히 ________________.

2) IMF로 회사가 부도가 난 지 얼마 되지 않아 ________________ (으)로 가족까지 뿔뿔이 흩어졌다.

3) 전쟁 통에 가족과 헤어진 사람들이 이산가족 상봉을 ________________.

4) 각국의 대표자들이 ________________고 세계 평화를 위한 회담을 개최했다.

3. 다음 중 알맞은 한자성어를 상황에 맞게 연결하십시오.

1) 전화위복 •	• 가)	전쟁으로 인해 한강의 다리가 끊어지자 수많은 피난민들이 살기 위해 소리 지르며 몸부림을 쳤지요.
2) 청천벽력 •	• 나)	어려움을 함께 극복해 낸 후에 국민들이 더욱 하나 된 마음으로 뭉치는 계기가 되었죠.
3) 전무후무 •	• 다)	최근 갑작스럽게 듣게 된 친구의 사고 소식으로 충격에 빠졌어요.
4) 아비규환 •	• 라)	그와 같은 인물은 역사상에도 없었거니와 앞으로도 배출하기 어려운 훌륭한 인재예요.

읽고 말하기

❶

제2차 세계대전의 종결과 함께 한국은 광복을 맞이하였다. 한반도에서 일본군의 무장을 해제한다는 명분으로 북위 38도선을 경계로 남쪽에는 미국군이 북쪽에는 소련군이 각각 진주하여 이른바 분할 점령책을 발표하였다. 광복 직후 '조선 건국 준비 위원회' 가 만들어져 사회 질서를 유지하며 새 정부를 구성하려 하였음에도 불구하고 미국 군사 정부는 한국인들이 만든 정치 기구와 활동을 인정하지 않았다. 남한에 들어온 미군은 이후 3년간 군사 정치를 실시하였다.

북한에 들어온 소련군은 그들과 함께 들어온 김일성이 실권을 장악할 수 있도록 뒷받침해 주었다. 공산주의자들을 중심으로 결성된 인민위원회가 각 도에 설치되고, 1946년에는 북조선인민위원회가 소련의 지원 아래 행정과 치안을 담당하게 되었다.

결국 미국과 소련의 이념 대립으로 말미암아 한반도는 남북으로 분단되었다. 남쪽과 북쪽은 기본 이념을 달리하면서 서로 대립하는 사회가 형성되었고 민족의 비극이 시작되었다.

❷

1945년 12월 미국, 영국, 소련은 모스크바에서 외무 장관 회의를 열었다. 이들은 '미 · 소 공동 위원회' 를 설치하고, 한국을 최고 5년간 신탁통치를 한다고 결정하였다. 이러한 소식이 전해지자 민족주의 진영은 민족의 능력을 무시한 것이라고 비판하고 즉각 신탁 통치 반대 운동을 전개하였다. 그러나 공산주의 진영은 신탁 통치를 찬성하여 민족은 두 편으로 나뉘어 대립하였다.

결국 한국 문제는 유엔(UN)으로 넘어가고, 유엔 한국 임시 위원단은 남북한 총선거를 통한 독립 정부 수립을 결의하였다. 그러나 북한의 거부로 유엔 한국임시위원단은 북한에 들어가지 못해서 남한에서만 총선거를 실시하려고 하였다.

이때 남북 분단의 위험을 느낀 김구 등은 남한만의 단독 선거를 반대하고 통일 정부 수립을 위해 북한을 방문하여 남북 협상을 추진하였다. 그러나 북한의 반대로 남북 통일 정부 수립을 위한 협상은 결국 실패하고 말았다. 1948년 5월 10일 남한에서만 총선거가 실시되고, 8월 15일 이승만을 대통령으로 하는 '대한민국' 정부가 수립되었다. 북한에서는 사회주의 체제로의 개혁을 실시하였고, 마침내 1948년 9월 김일성을 수상으로 하는 '조선민주주의 인민공화국' 이 수립되었다. 그리하여 한국은 통일 정부를 수립하지 못한 채 남한과 북한에 이념이 다른 정부가 수립됨으로써 남북 간의 대립이 심화되어 갔다.

- 종결
- 광복
- 맞이하다
- 무장
- 해제
- 명분
- 진주하다
- 분할
- 점령하다
- 군사
- 실권
- 장악하다
- 행정
- 치안
- 이념
- 비극
- 신탁통치
- 선거
- 수립
- 결의하다
- 단독

❸ ______________________

미국과 소련의 대립이 격화되고 1949년 중국에서도 공산당의 주도로 중화인민 공화국이 수립되자 한반도의 긴장은 더욱 높아졌다. 한편, 국내에서는 이승만 정부가 국민의 지지를 받지 못했고 국가 방위 체제도 극히 허술하였다. 북한의 김일성은 이러한 정세를 이용하여 소련과 중국의 지원을 약속 받고 무력으로 한반도를 통일하려고 하였다.

1950년 6월 25일 새벽, 북한의 예고 없는 남침으로 전쟁이 시작되었다. 전쟁이 시작되기가 무섭게 서울이 3일 만에 함락되고 정부는 부산까지 피난을 가야만 했다. 미국은 유엔 안전 보장 이사회를 열어 북한을 침략자로 규정하고 16개국으로 구성된 유엔군을 한국에 파병하였다. 유엔군은 인천 상륙 작전에 성공하여 서울을 되찾고 압록강 연안까지 북진하였다. 그러나 중국이 대규모 지원군을 북한 측에 보내자 국군과 유엔군은 남쪽으로 후퇴하였다. 1951년 소련의 제의로 휴전 회담이 진행되고 있는 동안에도 38선 부근에서는 치열한 전투가 계속되었다. 마침내 1953년에 휴전 협정이 체결됨으로써 3년간의 전쟁이 마침내 끝났다.

1. 이 글은 한국의 어떤 역사와 관련이 있습니까?

2. 이 글의 내용으로 알맞은 것을 고르십시오. (   )

① 광복 전에 남한과 북한은 분단될 위기에 놓였다.

② 한국은 유엔에 의해 5년 동안 신탁 통치를 받게 되었다.

③ 남북 협상의 실패로 인해 한국은 통일 정부를 수립하지 못했다.

④ 한국 전쟁 당시 남한이 강세를 보이다가 결국 후퇴하게 되었다.

3. 다음 빈칸에 알맞은 제목을 써 보십시오.

	제 목
❶	
❷	
❸	

- 한반도
- 허술하다
- 정세
- 함락되다
- 피난
- 침략자
- 규정하다
- 파병
- 연안
- 후퇴하다
- 제의
- 체결하다

4. 시간 순서대로 사건의 일지를 작성해 보십시오.

일시	사건
1945년	• 대한민국 독립
	• 1945년 미국군과 소련군의 ________________
	• 1945년12월 ________________
	• 1945년 민족주의 진영의 신탁 통치 반대 운동
1946년	• ________________
1948년	• 5월 10일 ________________
	• 1948년 8월 15일 ________________
	• 1948년 9월 ________________
1949년	• 중국 ________________
1950년	• 6월 25일 ________________
	• 1950년 UN군 ________________
1951년	• ________________
1953년	• ________________

5. 한반도의 남북 통일에 대한 여러분의 생각을 자유롭게 이야기해 보십시오.

문법 및 표현

1. AV-기(가) 무섭게

: 어떤 일이 끝난 후에 바로 다음 일이 일어나는 것을 강조하는 표현이다.

- 책을 손에 잡기가 무섭게 한 권을 다 읽어 버렸다.
- 고단한 하루를 보낸 탓에 침대에 눕기 무섭게 잠이 들었다.
- 소비자들의 뜨거운 반응으로 인해 신제품이 나오기 무섭게 품절되었다.

듣고 말하기2 616

다음은 설문조사에 응해 준 시민들의 인터뷰입니다. 잘 듣고 질문에 답하십시오.

1. 무엇에 대해 이야기하고 있습니까?

2. 인터뷰를 한 사람들이 뽑은 사건은 무엇인지 요약해 보십시오.

이 모 씨 (78세)	정 모 씨 (60세)	오 모 씨 (54세)	남 모 씨 (33세)
•	•	•	•
•	•	•	•
•	•	•	•

3. 다음 중 맞는 것에 O, 틀린 것에 ×표를 하십시오.

1) 통행금지 제도는 젊은이들을 대상으로 한 단속이었다. (　　)

2) 기억에 남는 사건에 대해 세대별로 공통적인 응답이 나타났다. (　　)

3) 분단 후 이산가족 상봉의 자리를 마련하기까지 오랜 시간이 걸렸다. (　　)

4) 한국은 외환위기를 맞자 온 국민이 힘을 합쳐 난관을 극복했다. (　　)

5) 월드컵은 경제적으로 어려운 시기에 개최되어 큰 호응을 얻지 못했다. (　　)

4. 내가 만난 한국 사람들에게 가장 기억에 남는 역사적 사건이 무엇인지 인터뷰해 보십시오.

- 굵직하다
- 실향민
- 애타다
- 눈시울
- 해방감
- 억압
- 경보음
- 발길을 돌리다
- 지새우다
- 조마조마하다
- 부채
- 얼싸안다

문법 및 표현

1. N을/를 무릅쓰고

: 힘들고 어려운 일이 있지만 그것과 상관없이 어떤 일을 할 때 사용한다.

- 여러 번의 실패를 무릅쓰고 출마한 대통령 후보가 선거에서 마침내 당선되었다.
- 결례를 무릅쓰고 부탁을 드리오니 다시 한 번 생각해 주시기 바랍니다.
- 환경의 어려움을 무릅쓰고 성공한 사람들의 일화는 큰 감동을 불러일으킨다.

2. AV-ㄴ/은 끝에

: 오랫동안 지속한 일이나 어려운 일을 마치고 나서 얻게 되는 결과를 나타낼 때 사용한다.

- 위기의 순간에 기지를 발휘한 끝에 고비를 무사히 넘길 수 있었다.
- 젊은 청년들이 한 달 넘게 걸은 끝에 전국을 일주하는 국토대장정을 마쳤다.
- 이선화 선수는 고된 훈련을 마친 끝에 세계 신기록을 세워 많은 사람들에게 감동을 선사했다.
- 오랜 노력 끝에 얻어낸 열매는 더욱 값지다.

3. AV-ㄴ/은/는 마당에

: 뒤의 내용이 일어나는 상황이나 배경을 이야기할 때 사용하는 표현으로 주로 부정적인 상황일 때 사용한다.

- 이미 헤어진 마당에 후회해도 소용이 없다.
- 식사할 겨를도 없는 마당에 주변 사람들을 돌아볼 여유가 없다.
- 회사가 부도가 난 마당에 잘잘못을 가려봐야 무슨 소용이 있겠어요?
- 학교도 집 앞인 마당에 허구한 날 지각이나 하고 말이야!

쓰고 말하기

역사적 사건의 중심에 있었던 인물을 선택하여 발표 자료를 만들고 발표해 보십시오.

1. 사람들에게 소개할 역사적 인물을 선택하십시오.

2. 관련 정보를 찾아본 후에 발표 내용을 정하십시오.

	내 용
사건의 배경	
인물 소개	
역사에 미친 영향	
인물을 통해 배울 점	

3. 내용을 요약하여 발표 자료를 만들어 보십시오.

4. 효과적인 전달 방법을 고려하여 발표 연습을 해 보십시오.

통합 활동

작년 한 해 여러분 나라에서 가장 중요한 사건은 무엇이었는지 다섯 가지를 정하여 역사 신문을 만들어 보십시오.

1. 작년 한 해 여러분 나라에서 일어난 사건 다섯 가지를 중요한 순서대로 써 보십시오.

_______________ 년 5대 뉴스

①

②

③

④

⑤

2. 그 사건을 잘 보여 줄 수 있는 사진이나 정보 등을 찾아보십시오.

3. 찾은 정보를 정리하여 신문을 만들어 보십시오.

문화 산책

다음은 한국의 현대사를 조명한 영화에 대한 글입니다. 한국의 역사적인 사건을 다룬 영화를 살펴보십시오.

영화로 보는 한국 현대사

삶은 크고 작은 사건들의 끊임없는 연속으로 이루어진다. 그중에서 중요한 가치가 있다고 여겨지는 사건들은 대중매체를 통해서 대중에게 전달된다. 사건의 보도는 객관성을 기본적으로 갖추고 있으나 같은 사건이라도 보는 이의 관점에 따라 중점적으로 다루고자 하는 내용은 달라질 수가 있다.

역사적인 사건을 다룬 영화도 이와 마찬가지이다. 같은 시대와 배경을 다뤘다고 해도 영화에서 나타나는 사건의 주제와 서술 방식은 감독에 따라 다르게 나타난다. 동시대의 굵직한 역사적 사건을 다룬 영화 간의 비교를 통해 역사에 대한 다양한 시각과 해석을 살펴보는 일은 매우 흥미로운 일이 아닐 수 없다. 그렇다면 한국 현대사를 다룬 영화는 무엇이 있을까?

우선 한국 전쟁을 소재로 한 영화로는 '태극기 휘날리며', '웰컴 투 동막골'이 있다. '태극기 휘날리며'는 전쟁 상황을 실감나게 그리면서 전쟁으로 희생되어 가는 가족의 슬픔을 조명하였다. 민족의 비극을 한 가정을 통해 보여줌으로써 관객들로 하여금 깊은 공감을 불러일으켰다. 한편 '웰컴 투 동막골'은 한국 전쟁의 무대를 생사를 가르는 전쟁 상황이 아닌 강원도 산골 마을로 무대를 옮겨 놓았다. 전쟁과는 동떨어진 듯한 순박한 시골 사람들이 살고 있는 이곳에서 맞닥뜨리게 된 국군, 인민군, 연합군의 모습을 재치 있게 그린 영화이다. 앞부분의 내용에서 주는 평화로움과 소소한 웃음이 뒷부분의 비극적인 결론과 대비되어 더 큰 비극으로 느끼게 해주는 효과를 불러일으킨다.

1960년대와 1970년대의 시대 상황을 잘 보여주는 영화로는 '잘 살아보세', '효자동 이발사', '아름다운 청년 전태일', '클래식'이 있다. '잘 살아보세'는 경제 개발로 들썩이는 마을의 모습과 함께 출산 정책과 관련된 일화를 재미있게 그린 영화이다. '효자동 이발사'는 이승만 대통령 시절부터 박정희 대통령 시절까지 혼란스러웠던 시대를 살아가는 아버지의 모습을 그리고 있으며, 아름다운 청년 전태일은 경제 개발이 한창일 당시 열악한 노동 조건을 개선하려고 노력하다가 결국 분신하여 사망한 사건을 중심으로 공권력에 저항하는 개인의 모습을 현실적으로 반영한 영화이다. 클래식도 같은 시대를 배경으로 하고 있지만 젊은 남녀의 이루어지지 못한 사랑 이야기를 중심으로 하여 잔잔한 감동을 준다.

1980년대를 다룬 영화로는 '화려한 휴가'와 '26년'이 있는데 두 영화 모두 5·18 광주 민주화 운동을 배경으로 하고 있다. '화려한 휴가' 가 당시 광주의 모습을 생생하게 전달하고 있다면, '26년' 은 민주화 운동 희생자의 2세들이 나라가 처벌하지 않은 가해자들을 직접 찾아가 복수하는 내용을 담고 있다.

이처럼 영화 속에 등장하는 한국의 현대사는 같은 사건을 다루고 있음에도 개인, 가족, 공동체 등의 다양한 각도에서 재조명되고 있다. 또한, 현실감 있고 진지하게 내용을 전달하는 영화가 있는가 하면 웃음을 통해 주제를 전달하는 영화도 있다. 역사를 재해석한 영화 간의 비교를 통해 역사를 바라보는 시각을 넓히는 것도 좋은 방법일 것이다.

M.E.M.O.

부 록

- 듣기지문
- 모범답안
- 어휘색인

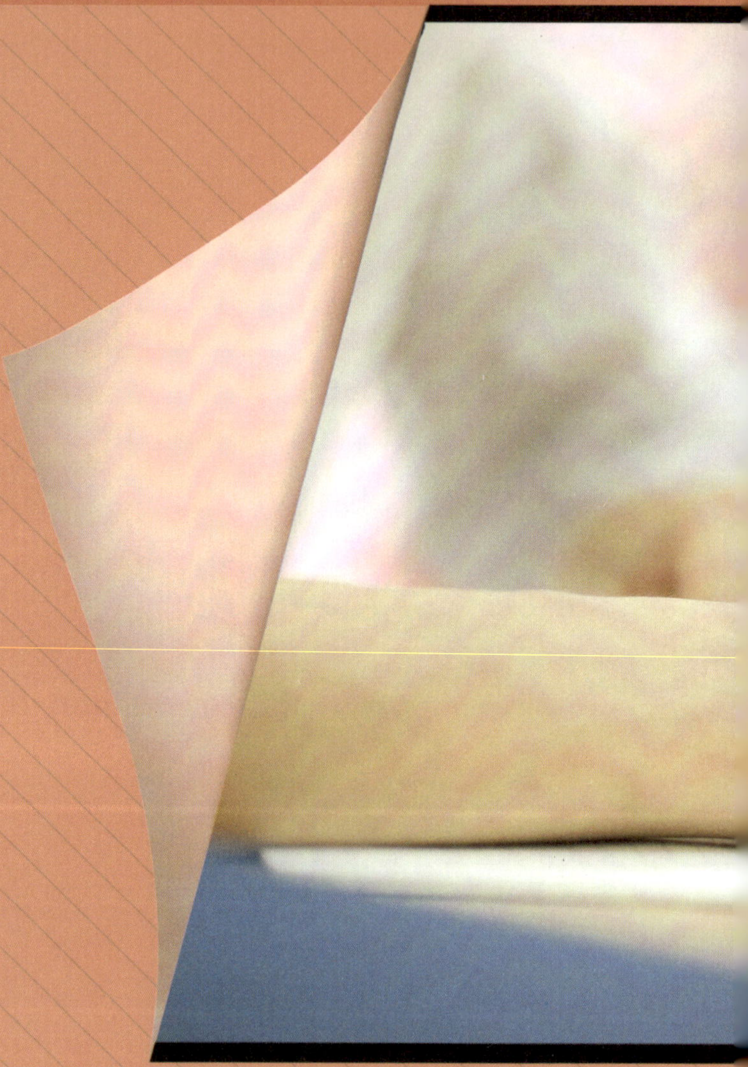

듣기지문

1 1과 철학과 삶

듣고 말하기1 601

지금 사회는 욕심이란 본능으로 넘쳐나고 있습니다. 들어 보실까요? 다람쥐는 민첩하게 뒷돈을 챙겨 줍니다. 온천에는 접대 여행 온 원숭이가 즐거워하는군요. 하하, 코끼리는 긴 코로 촌지를 받습니다. 청탁을 받은 고릴라는 걱정스런 마음에 가슴을 쳐댑니다. 이때 검은돈을 건네받은 카멜레온은 결국 검게 색이 변하고 마는군요!!

당신은 어떻습니까? 욕심을 이길 수 있는 건 당신의 양심뿐입니다.

"아유~ 그런 거 우린 안 받아요."

"마음만 받겠습니다."

당신의 깨끗한 양심이 대한민국을 웃게 합니다.

듣고 말하기2 602

강연자 : 최근 스스로 목숨을 버리는 사람들의 안타까운 소식이 심심치 않게 들립니다.
죽음은 누구도 피해갈 수 없지만 치명적인 질병에 걸리기 전에는 거의 언급조차 꺼리는 음울한 주제입니다.
오늘은 이 우울한 주제에 대해 생각해 보고자 합니다.
죽음은 나쁜 것인가요? 사람들은 말합니다. 죽음은 나쁜 것이라고요.
그런데 죽음은 왜 나쁜 것일까요?
사랑하는 사람과 이별해서 나쁜 것일까요?

사랑하는 사람이 죽어서 나쁜 것일까요?

자, 함께 생각해 봅시다. 지금은 2050년이라고 가정해 봅시다. 한 남자는 먼 행성에 생명체가 존재한다는 정보를 접합니다. 그는 과학자로서 중요한 업무를 가지고 지구 밖으로 나가지요. 지구로부터 8.7광년, 아내는 이미 늙어 있을 것입니다. 그는 지구 밖에서 내가 과연 지구로 언제 돌아갈 수 있을지를 생각해 봅니다. 설사 지구로 돌아간다고 해도 시간이 많이 걸리니 아마 아내를 다시는 못 볼 수도 있어요.

이제 다시 돌아가서 나는 과학자의 아내입니다. 나는 남편이 과학자로서 중요한 업무를 가지고 먼 행성으로 떠나게 되었습니다. 그런데 남편이 탄 우주선이 발사된 지 8분 만에 폭발해 버렸습니다. 남편을 포함해서 탑승자는 전원 사망했어요. 남편과 영원한 이별입니다.

여러분, 이 두 가지의 경우에서 더 나쁜 경우는 무엇인 것 같습니까? 많은 사람들은 실제로 죽는 것을 더 나쁘다고 말합니다. 그렇다면 죽는 것이 더 나쁘다고 말할 수 있는 근거는 무엇입니까?

우리는 삶에 대해 많은 고민을 하고 삽니다. 그러나 정작 죽음에 대한 고민은 피하려고만 하지요. 죽음을 제대로 알면 좋을진대 왜 피하려고만 하는지 모르겠습니다.

한 철학자가 이런 이야기를 한 적이 있습니다. 사람이 밥을 먹을 때 자신이 변을 어떻게 볼지를 미리 생각하면 어떤 밥을 먹을지가 더 자세해지고 또 명확해진다고 말입니다. 우리도 그것과 비슷하게 죽음에 대해 알고 삶을 살면 좀 더 값지게 살고 좀 더 잘 살 수 있지 않을까요? 죽음에 대해서 두려워하지 마십시오. 죽음에 대해 제대로 인식한다면 어떻게 죽을 것인지가 아니라 어떻게 살아야 하는지에 대한 행복한 고민을 할 수 있을 겁니다.

삶은 어느 날 갑자기 끝날 수도 있습니다. 그리고 영혼이나 죽음 이후의 세상은 없습니다. 그리고 불멸이라는 것도 존재하지 않고요. 그렇다면 여러분은 당장 오늘부터 어떻게 살고 싶습니까?

2 환경과 미래

듣고 말하기1 603

아시프: 어제 사람의 조건 봤어? 늦게까지 친구를 만나다가 방송시간을 놓쳐 버렸지 뭐야.

아멜리: 그럼 재방송으로 꼭 봐. 쓰레기 없이 사는 게 이번 주 과제였는데 하루에 쓰레기를 가장 많이 남긴 사람이 벌칙을 받았어.

아시프: 그래? 한 사람이 버리는 쓰레기양이 많아봐야 얼마나 되겠어?

아멜리: 나도 그렇게 생각했는데 개인이 하루에 사용하는 일회용품과 음식물 쓰레기양이 어마어마하던걸. 의식하기 전까지는 몰랐는데 말이야.

아시프: 그 쓰레기양을 어떻게 줄였대?

아멜리: 다양한 방법이 있더라고. 개인 용기를 들고 다니면서 일회용품 사용 줄이기, 식당에서는 먹을 만큼만 달라고 하기, 휴지 대신 손수건 사용하기, 이면지 사용하기, 비닐봉지 대신 장바구니 사용하기 등등 말이야. 불편을 감수해야겠지만 환경을 위해서라면 실천해 봐야겠다는 생각이 들더라.

아시프: 몸이 편할수록 쓰레기는 늘어나기 마련인가 봐. 환경을 선택하느냐 편리함을 선택하느냐의 문제네.

듣고 말하기2 604

기자: 저는 지금 억새축제로 가을의 향취를 물씬 느낄 수 있는 월드컵 공원에 나와 있습니다. 아름다운 생태 공원인 이곳이 예전에는 쓰레기 매립지였다는 사실을 알고 계십니까? 월드컵 공원의 소장님을 모시고 자세한 설명을 들어 보겠습니다. 난지도가 쓰레기 매립지였던 당시 상황은 어땠습니까?

소장: 1978년 3월부터 난지도는 서울이라는 대도시의 쓰레기를 받아 내기 시작했습니다. 급격한 산업화와 도시화의 물결에 따라 도시가 성장한 만큼 쓰레기 또한 급증했습니다. 그 후 15년이 지나 난지도는 어느새 높이 100m 가까이에 이르는 거대한 쓰레기 산 두 개로 변했습니다. 환경오염

이 심각하기가 이를 데 없었지요.

기자: 성장과 개발의 어두운 그림자라고 볼 수 있겠군요. 생산이 증가하고 소비 문화가 확산되면서 쓰레기양도 늘어났다니 말입니다. 그렇다면 매립지가 되기 전의 난지도는 어떤 모습이었습니까?

소장: 난지도는 온갖 꽃이 만발하고 수만 마리의 철새가 날아드는 그야말로 자연의 보고라고 할 수 있는 곳이었습니다. 옛 선조들은 나라의 정사가 잘 되는지를 알려면 난지도에 핀 꽃을 보면 된다고 할 정도로 아주 좋은 풍수지리 조건을 지닌 곳이었지요.

기자: 아무리 개발로 인한 불가피한 상황이었을지라도 아름다운 생태계가 파괴된 것은 참으로 안타까운 일입니다. 그렇다면 어떤 계기로 이곳의 자연을 복원하게 된 것입니까?

소장: 환경 문제가 사회적으로 큰 쟁점이 되면서부터 난지도 매립장을 더 이상 외면하려야 외면할 수 없었습니다. 마침내 2002년 월드컵과 새 천년을 기념하여 이곳을 생태적으로 건강하게 복원하자는 목표가 세워졌습니다. 이를 위해 꾸준히 노력함에 따라 난지도가 대규모 환경 생태 공원으로 재탄생하게 되었습니다.

기자: 공원의 대표적인 시설을 소개해주시겠습니까?

소장: 우선 난지도의 역사와 변천 과정을 볼 수 있는 월드컵 공원 전시관이 있습니다. 과거의 아름답던 난지도의 모습을 비롯해서 쓰레기로 뒤덮인 난지도의 모습이 전시되어 있습니다. 그리고 복원 사업 이후에 생태계가 재생된 난지도의 모습도 한눈에 볼 수 있습니다. 이 전시관은 쓰레기 문제에 대한 교육과 반성의 장으로 활용하고자 했습니다.

기자: 월드컵 공원 안에 큰 바람개비도 있던데요.

소장: 5개의 바람개비는 월드컵 공원의 상징입니다. 바람을 이용하여 전기를 만들어 내는 풍력발전기로 한강변으로부터 불어오는 바람을 이용해 전력을 생산할 수 있습니다. 이곳에서 발생하는 청정에너지로 월드컵 공원 내의 가로등과 안내소 등에 전력을 공급하고 있습니다. 풍력 발전기는 지구온난화의 대체에너지가 될 수 있다는 점에서 월드컵 공원의 친환경적 이미지를 부각시키는 상징물이 되었습니다.

기자: 공원이 조성된 이후에 연간 이용객 수가 약 980만 명에 달한다고 들었습니다. 앞으로 더 많은 사람들이 이곳을 찾고 자연의 가치를 깨닫는 소중한 시간이 되었으면 좋겠습니다.

소장: 월드컵 공원이 우리나라 국민들은 물론이거니와 외국인들도 즐겨 찾는 세계적인 환경 생태 에너지 공원으로 발돋움하도록 꾸준히 노력해 나가겠습니다.

기자: 네. 귀한 시간을 내주셔서 고맙습니다.

3 관혼상제

듣고 말하기1 605

아멜리: 민우 씨, 제가 장미꽃 좋아하는 건 어떻게 알고.

민우: 네? 무슨 말이에요? 이거 아멜리 씨에게 줄 꽃 아닌데요.

아멜리: 아...그래요? 저한테 주려고 준비한 게 아니라는 거예요?

민우: 참나! 아멜리 씨! 떡 줄 사람은 꿈도 안 꾸는데 김칫국부터 마시고 그래요?

아멜리: 그...그럼 그 꽃 주인이 누군데요? 누구에게 선물하게요?

민우: 오늘이 성년의 날이잖아요. 신입생 '링링' 씨가 올해 성년이래요.
알면서도 선물을 안 하려니 마음에 걸리는지라 장미꽃이라도 선물로 주려고요.

아멜리: 성년의 날이요? 전 까맣게 몰랐네요.

민우: 5월 셋째 주 월요일이 '성년의 날' 이라서 잘 모를 수도 있어요.

아멜리: 그렇군요. 그럼 한국에서는 몇 살이 성년이에요?

민우: 한국에서는 만 19세가 성년이에요.

아멜리: 프랑스에서는 21살이 성년인데 차이가 있네요.
성년의 날에는 보통 장미꽃을 선물하죠?

민우: 보통 세 가지 선물이 있다고 하는데요.
한국에서는 장미, 향수 그리고... 하나는 비밀이에요.

아멜리: 뭐예요! 말을 하다 말고 그래요? 궁금하니까 빨리 알려 주세요.

듣고 말하기2 604

진행자: 청취자 여러분, 안녕하십니까? 라디오 교양의 유정림입니다. 이번 주에는 '관혼상제' 제2편 제례에 대해서 이야기 하고자 합니다. 인하대학교 서주형 교수님께서 나와 주셨습니다. 교수님 안녕하세요?

교수: 안녕하십니까?

진행자: 교수님, 오늘날까지 이어져 오고 있는 제례에는 기제, 차례 등이 있는데요, 기제는 해마다 돌아가신 분을 기리는 제사이고 차례는 명절에 조상들에게 올리는 제사로 알고 있는데요. 그런데 제사의 기원과 유래 등을 제대로 알고 있는 사람은 많지 않은 것 같습니다. 제사는 도대체 무엇인가요?

교수: 옛날 우리 조상들은 돌아가신 웃어른들께 예를 갖추며 살았습니다. 옛사람들은 조상의 혼령이 자손들을 지켜준다고 믿었기에 조상을 잘 모셔야 그 집안이 잘된다고 여겼습니다. 그래서 제사가 옛날부터 집안의 중요한 일로 자리 잡게 된 것입니다. 옛 사람들은 자식들에게 돌아가신 조상을 살아 계신 부모님을 모시듯 해야 한다고 일러 주곤 하셨습니다. 조상이 없었다면 지금의 자신도 있을 수 없으니 말이지요. 이처럼 돌아가신 분을 위해 제사를 지내며 후손의 도리를 다하는 것을 '제례' 라고 했습니다.

진행자: 교수님의 말씀을 듣고 보니 제사는 내가 태어나기에 앞서 부모님과 할아버지, 할머니가 살았다는 것을 새삼 느끼게 해 주는 소중한 의식인 것 같습니다. 어렸을 때 제삿날은 가족과 친지를 만나 맛있는 음식을 먹는 날이라고 생각했었는데 이제 와서 제사의 참의미를 알게 되니 제 뿌리에 대해 다시 생각하게 됩니다. 그럼, 제사의 이런 깊은 뜻을 모르고 제사를 소홀히 하는 사람이 있으면 불효자로 낙인이 찍히기도 했을 것 같습니다.

교수: 네, 물론입니다. 자신의 근본도 모르는 불효막심한 사람이라고 손가락질 받기 일쑤였습니다. 그만큼 제사는 조상의 은혜에 감사하고 정성을 다해 추모하며 가족의 건강과 가문의 번영을 기원하는 중요한 의례였습니다. 하지만 사실 제사는 정치적 제도와도 많은 관련이 있어 그렇게 간단한 것이 아닙니다.

진행자: 아, 그러면 제사에 정치적인 의미도 있다는 것인가요?

교수: 네, 좀 더 깊이 살펴보면 제사는 한 나라를 효과적으로 통치하기 위해 만들어낸 도구라고 볼 수 있습니다. 우리가 제사를 제대로 이해하려면 조선 사회에 많은 영향을 끼친 유교사상을 알아야 하는데요, 유교 정치의 근간은 가부장제이고 나라의 가부장은 바로 왕입니다. 왕은 자신의 권력이 조상들에게서 나온다는 것을 보여주기 위해 종묘에서 제사를 지냈던 겁니다.

진행자: 결국, 역대 왕들에게 제사를 지내는 것과 마찬가지네요.

교수: 네, 그러니 어느 누구도 그 권위를 넘볼 수 없었지요. 집안 제사에도 그대로 적용되어 제사를 주관하는 사람의 권위가 가장 강했습니다. 그것은 그 사람의 뒤에 조상들의 권위가 있기 때문입니다.

진행자: 그렇군요. 제사의 또 다른 의미를 알게 되었습니다. 하지만 오늘날에는 이런 정치적인 의미로 제사를 지내지 않을 뿐더러 가족이 함께 모여 제사를 지내는 일도 점점 줄어들고 있는데 교수님께서는 앞으로의 제사의 미래를 어떻게 보시는지요?

교수: 오늘날에는 다른 전통 의례처럼 그 의미가 많이 옅어져 형식적인 절차로만 치러지고 있습니다. 하지만 사회가 변해도 자식이 불효자가 아닌 이상 제사는 계속 존재할 터이고 한국인들은 제사를 통해 변함없이 조상을 추도할 거라고 봅니다.

진행자: 제사가 간소해지기는 하겠지만 사라지지는 않는다고 보시는군요. 오늘 서 교수님과 그동안 궁금했던 제사에 대해 이야기를 나누었습니다. 제사가 조상들의 은혜에 감사하기 위해 지내는 것이었는데요. 앞으로는 제사를 지낼 때마다 자신의 뿌리에 대해 깊이 생각해 보면 더 의미 있을 것 같습니다. 청취해 주셔서 감사합니다.

4 인천의 명소

듣고 말하기1 607

왕루: 어머, 마이클 씨, 여기가 어디예요? 이렇게 멋진 야경은 처음이에요.

마이클: 아, 여기요. 월미도예요. 인천하면 월미도잖아요.
모처럼 바다도 보고 여러모로 재충전하고 싶어서 토요일 저녁에 잠깐 다녀왔어요.

왕루: 와, 사진으로 보기만 해도 기분 전환이 되는걸요. 몰랐는데 마이클 씨 사진 찍는 솜씨가 수준급이네요.

마이클: 비행기 태우지 마요. 월미도는 낙조가 정말 아름다워서 찍는 사진마다 하나같이 예술이에요. 그래서 월미도의 낙조를 보지 않고서는 월미도에 갔다 왔다고 할 수 없어요. 또 놀이 기구와 유람선도 탈 수 있고 이것저것 볼거리가 풍성해요.

왕루: 저도 저녁에 해지는 모습을 정말 보고 싶었는데, 그런 멋진 풍경을 말도 없이 혼자 보러 갔단 말이에요?

마이클: 아...그게...그럼 월미도에 산책로도 있으니까 다음에 같이 가는 게 어때요?
정말 한 번쯤은 가 볼 만한 명소거든요.

왕루: 좋아요.

듣고 말하기2 608

진행자: 이번 시간은 전국의 명소를 둘러보는 전국 팔도 명소입니다. 오늘도 김선아 리포터 나오셨습니다. 안녕하세요? 오늘 소개해 주실 명소는 어디인가요?

리포터: 네, 오늘은 특별히 전통 시장을 소개해 드릴 건데요. 먹을거리와 볼거리가 가득한 인천의 신포국제시장입니다. 최근에는 근대 역사 탐방 코스로 인기를 얻고 있어서 관광객은 물론이고 젊은 층들이 많이 방문하는 곳이기도 합니다.

진행자: 역사 탐방 코스로 인기가 많은 만큼 신포국제시장은 역사가 깊은 시장으로 알고 있는데요.

리포터: 네, 그렇습니다. 신포국제시장은 인천의 근대적 상설시장이자 인천항 개항과 함께 역사를 함께하고 있는 인천의 대표적인 시장입니다. '신포' 라는 의미는 새로운 포구라는 뜻인데요. 개항이 이루어지던 19세기 말에 정치와 경제, 금융, 문화의 중심지 역할을 당시에 하고 있었습니다. 그러다가 1895년도에 서울 출신의 정흥택 형제가 최초의 어시장을 열면서 시장이 시작되었죠.

진행자: 그렇다면 신포국제시장은 해산물이 주로 판매되었겠네요?

리포터: 어시장으로 시작했다고 해서 해산물만 많았겠거니 생각하시면 안 됩니다. 신포국제시장은 인천에 정착한 중국인들이 중국에서 가져온 각종 야채를 비롯하여 바늘이나 화장품, 양복 등과 같은 신문물도 선보였는데요, 당시에 신포시장에 없으면 우리나라의 어디를 가도 못 구한다고 할 정도로 핵심적인 역할을 했던 시장입니다.

진행자: 네, 그렇군요. 그 밖에 어떤 특징이 있습니까?

리포터: 신포국제시장은 다양한 먹을거리로 아주 유명합니다. 2대에 걸쳐서 만드는 공갈빵과 닭강정은 이 시장이 원조로 잘 알려져 있는데요, 신포시장에 이런 음식이 발달하게 된 것은 개화기부터입니다. 당시 청나라, 미국, 러시아 사람들이 인천항을 드나들면서 시장을 자주 찾았는데 외국인의 기호에 맞추다 보니 다른 시장에서는 찾아보기 힘든 여러 가지 음식이 생겨났습니다. 먼저 시장 입구에 들어서면 닭강정 골목이 시작됩니다. 일단 신포국제시장에 왔다면 이 닭강정 가게에 꼭 들러 보십시오. 가게에 아무리 사람들이 길게 줄 서 있을지언정 절대로 그냥 지나치지 마시기 바랍니다.

진행자: 그렇게 강력하게 추천하시니 안 먹어 볼 수 없겠는데 말이죠. 신포국제시장의 닭강정이 유명

해진 배경이라도 있을까요?

리포터: 네, 원래 닭강정이라는 것이 러시아 선원들이 고향에 대한 향수를 달래고 닭튀김을 오래 두고 먹을 방법을 고심한 끝에 만들어진 것이라고 합니다. 양념이 듬뿍 묻어 있기 때문에 식어도 맛있게 먹을 수가 있어서 손님들이 많이 찾고 있습니다. 지금도 시장에 가면 러시아어로 쓰인 낙서가 가득한 닭강정 가게를 쉽게 찾아 볼 수 있을 정도입니다.

진행자: 이야기만 들어도 군침이 도는군요. 근처에 있는 차이나타운도 인천의 명소 중 하나이지 않습니까?

리포터: 네, 맞습니다. 신포국제시장 인근에는 개항 이후 화교들이 인천에 정착하면서 형성된 차이나타운이 위치해 있습니다. 그렇기 때문에 화교들의 영향을 받은 음식들을 흔하게 찾아 볼 수 있습니다. 특히 공갈빵은 이 시장에서 빼놓을 수 없는 음식인데요. 공갈빵은 빵 크기는 큰데 안이 텅텅 비어있어서 공갈빵이라는 이름이 붙여졌다고 합니다. 먹으면 먹을수록 생각나고 손이 가는 그런 음식이지요.

진행자: 푸짐한 먹을거리만큼 신포시장의 볼거리도 기대가 되는데요, 볼거리는 어떤 것이 있을까요?

리포터: 시장 한가운데 빨간 등대가 있는데요. 이것이 바로 시장의 명물인 등대공원입니다. 이곳은 원래 바닷물이 밀려들어오는 지역이었지만 바닷가에 위치한 시장이라는 특징을 살려서 등대를 세우고 벽화를 그려 넣는 등 바닷가 분위기를 물씬 느끼게 만들었습니다. 장을 보다가 벤치에 앉아서 공연이나 전시를 감상할 수 있어서 시장의 사랑방 역할을 톡톡히 하죠. 또 풍경이 아름다워서 관광객들이 사진을 많이 찍기도 하고요.

진행자: 그렇군요. 신포국제시장에 가서 근처에 있는 차이나타운도 함께 둘러보시면 더 좋은 나들이가 될 것 같습니다. 차이나타운을 가지 않고서야 인천에 갔다고 할 수 없을 정도니 말이죠. 좋은 정보 고맙습니다.

5 합리적 소비

듣고 말하기1 609

강사 : 안녕하십니까? 여러분.

오늘은 경제학 입문에 들어가기 전에 간단히 그동안 여러분이 알고 있는 내용을 한번 짚어 보고자 합니다. 여러분은 제 강의에서 어떤 배움을 기대하고 왔습니까? '공부도 때가 있을지니 그 기회를 놓치지 말라' 는 말을 들어 본 적이 있나요? 제 강의도 그렇습니다. 이 수업은 여러분의 경제생활에 많은 도움을 줄 것입니다.

자, 먼저 수요 공급의 법칙부터 간단히 알아봅시다.

내가 마트에 갔어요. 딸기를 사려고요. 요즘 딸기가 비싸기에 한 박스에 만 오천 원에서 이만 원 사이면 사야겠다고 생각하고 갔어요. 딸기가 한 박스에 이만 원입니다. 물론 내가 예상했던 가격이니까 샀지요. 그런데 여러분, 백화점 할인 시간이나 마트 할인 시간이 있잖아요. 어느 날, 내가 할인 시간에 딸기를 사러 갔더니 한 박스에 만 원을 해요. 딸기 한 박스에 이만 원을 예상하고 갔는데 만 원이래요. 그럼 어떻게 하겠어요? 그렇죠? 두 박스를 사겠지요?

바로 여기에 경제 법칙이 들어 있습니다. 무엇일까요? 먼저 딸기를 사려고 하는 것, 수요입니다. 딸기를 팔려고 하는 것은 공급이라고 하지요. 딸기를 사려고 하는 사람은 딸기의 가격이 내려가면 많이 삽니다. 딸기의 가격이 비싸면 많이 사지 못 하지요. 이게 바로 수요의 법칙입니다. 즉, 가격이 내려가면 수요량이 늘고 가격이 올라가면 수요량이 준다.

자, 이제 딸기를 팔려고 하는 공급자의 입장은 어떨까요? 수요의 법칙과 반대겠지요? 공급자는 비싼 가격에 많이 팔고 싶습니다. 즉, 가격이 올라가면 공급량이 증가하고 가격이 내려가면 공급량이 감소하지요. 이게 바로 공급의 법칙이고요. 그리고 수요와 공급을 그래프로 나타낸 것이 바로 수요-공급 곡선입니다.

여러분은 아마 중학교 때부터 이 곡선을 접했으니 충분히 잘 알고 있을 거라 생각합니다.

그런데 말입니다. 우리가 알고 있는 수요-공급의 법칙은 모든 소비에 적용할 수 있을까요? 물론 아니지요. 특히 명품, 명품은 가격이 비싸지면 비싸질수록 더 잘 팔린다고 합니다.

그렇다면 왜 명품은 이 수요-공급 곡선에 적용되지 않을까요? 명품은 가격이 올라가면 올라갈수록 왜 수요가 늘어날까요? 이제부터 우리 한번 같이 생각해 봅시다.

듣고 말하기2 610

상사 : 오늘 월말회의는 회사의 발전을 위한 좋은 방안에 대해 제안하는 자리입니다. 그 동안 각자 열심히 준비해 온 내용들을 보고해 주세요.

수습사원1: 제가 먼저 말씀드리겠습니다.

상사 : 네, 유지수 씨부터요.

수습사원1: 승무원은 항상 모든 고객에게 친절함을 최우선으로 합니다. 소비자가 항공사를 떠올릴 때 가장 먼저 생각하는 점은 무엇일까요? 바로 친절함입니다.

상사 : 계속하세요.

수습사원1: 항공사를 대표하는 승무원은 어떤 상황에서나 늘 친절함을 유지해야 합니다. 그런데 승무원도 힘들 때가 있을 거라는 생각을 해 봤습니다. 그렇다면 그런 고충을 알아주는 사람은 누가 있을까 하는 생각이 들었습니다.

상사 : 승무원의 고충이라……. 사실 우리 회사는 고객 중심의 경영을 추구하고 있어 고객 만족에 무게를 두고 있는데 조금 다른 시각에서의 발상이네요.

수습사원1: 예, 기업이 발전하려면 기업의 근로자들도 함께 발전을 해야 한다고 생각합니다. 그래서 저는 틈틈이 선배들에게 어떤 어려움이 있는지 간단한 설문 조사를 진행했습니다.
그 결과 승무원은 유난스럽게 까다로운 고객들을 마주할 때 제일 힘들다고 하였습니다. 그래서 저는 승무원들이 힘든 일을 겪었을 때나 스트레스를 받았을 때 그런 일들을 털어놓을 수 있는 상담 창구를 만들면 어떨까 하는 생각을 해 봤습니다.

상사 : 승무원을 위한 상담 창구라, 그럼 사무실에 의사 선생님을 두자는 것인가요?

수습사원1: 물론 의사 선생님을 두고 상담센터를 운영하는 것도 좋겠습니다만 한솥밥을 먹는 동료들이야말로 그들의 고충을 가장 잘 이해해 줄 수 있을 것입니다. 그래서 자유롭게 대화를 할 수 있는 공간을 마련하면 좋을 것 같다는 생각을 했습니다.

상사 : 네, 설문조사까지 진행하였다니 좀 더 발전시켜 제안서를 올려 보도록 하지요.
다음으로 은영 씨는 어떤 제안을 가지고 왔는지 의견을 내 주세요.

수습사원2: 죄송합니다. 부장님. 제가 정말 열심히 준비했는데...아침에 너무 서두른 나머지 USB를 집에 두고 와서……. 정말 죄, 죄송합니다.

상사 : 지금 그 말을 변명이랍시고 하는 겁니까? 그리고 이번 회의는 이미 한 달 전부터 공지한 건데요.

수습사원2: 정말 죄송합니다. 다음부터는 이런 실수를 하지 않게끔 각별히 주의하겠습니다.

상사 : 주의하도록 하세요. 회사는 학교가 아닙니다. 그럼, 다음은 누구인가요?

수습사원3: 예, 저는 공항에서 근무하면서 생긴 경험을 토대로 제안서를 꾸며 보았습니다.

상사 : 손준영 씨는 공항에서 근무를 했으니 뭔가 다를 것 같군요.

수습사원3: 예, 발권 업무를 담당할 때 어떤 손님께서 항공사 마일리지에 대한 불만을 토로하셨습니다. 그 고객은 얼마 전 제휴 신용카드를 해지하셨습니다. 그런데 그동안 애써 모은 항공 마일리지도 신용카드 해지와 함께 없어졌다고 합니다. 그 고객의 이야기를 듣고 항공사의 마일리지 제도에 대해 좀 고민을 해 봤습니다.

상사 : 마일리지 제도라……. 그 부분까지는 미처 생각하지 못했어요.

수습사원3: 현행 마일리지 제도는 상당히 불합리한 것 같습니다.

상사 : 어떤 점에서 말인지 좀 더 자세하게 이야기 해 보세요.

수습사원3: 마일리지의 유효기간이 2년이라는 것은 차치하더라도 제휴 신용카드를 해지하면 마일리지도 바로 소멸되어 버립니다.

상사 : 다른 항공사도 항공 마일리지 유효기간은 마찬가지인데요.

수습사원3: 예, 맞습니다. 저는 소멸될 항공 마일리지를 사회에 환원을 할 수 있는 프로그램을 만들자고 제안하고 싶습니다.

상사 : 마일리지를 어떻게 사회에 환원할지 좀 더 구체적인 설명이 필요할 것 같은데요.

수습사원3: 마일리지는 비행기를 탈 때마다 생기는 포인트입니다. 2000점이 되면 현금처럼 사용할 수 있습니다. 현재는 마일리지의 유효기간이 2년이며, 2년이 지나면 전부 소멸됩니다.
저는 이 마일리지가 2년 후에는 전부 소멸되는 것이 아니라 쌓인 마일리지에서 일부를 돈으로 바꾸자는 제안을 드립니다. 이 금액으로 사회 봉사 단체의 후원을 하는 것입니다.
항공 마일리지로 사용할 수는 없으나 자신이 쌓은 마일리지로 남을 도울 수 있게 한다는 점을 내세우면 어떨까요? 이렇게 한다면 저희 항공사는 남을 돕는다는 좋은 이미지를 만들 수도 있고 소비자의 개인 차원에서는 단순 소멸이 아닌 사회 환원의 개념으로 인식하게 될 것입니다.

6 변화하는 가족

듣고 말하기1 611

지성: 마이클, 얼굴이 아주 핼쑥해졌다.

마이클: 아휴, 요즘 육아 재미에 빠져서 그래.

지성: 육아 재미?

마이클: 지난달에 아내가 취직을 하게 돼서 육아가 내 몫이 돼 버렸어. 어디 그뿐인 줄 아니? 책을 좀 읽을라치면 애가 울고 초인종까지 울린다! 거기에 집안일까지! 말로만 듣던 육아와 가사문제가 막상 내 일이 되고 보니 이게 웬 날벼락이냐 싶어.

지성: 집안일도 만만치 않을 텐데 육아까지……. 정말 첩첩산중이구나.

마이클: 남자가 하는 일 따로, 여자가 하는 일 따로 구별하는 시대는 이미 지나갔는데도 애는 여자가 키워야 한다는 둥 남자 망신은 내가 다 시키고 있다는 둥, 어물전 망신은 꼴뚜기가 다 시킨다나 뭐라나 참나! 아직 한국에서는 아빠가 육아를 전담하는 게 보편적인 일은 아닌 듯싶어.

지성: 물론 그런 가부장적인 시각도 있지. 하지만 요즘은 맞벌이 부부가 워낙 많아서 아빠가 아이를 데리고 병원에 가거나 하굣길 마중 나가는 게 전혀 이상하지 않던데. 아기는 부부가 함께 키우는 것이지 아내 혼자서 키우는 것은 아니라고 봐.

마이클: 그도 그렇지만 생각하는 것만큼 실천하는 게 말처럼 그리 쉬운 게 아니더라고. 사실 나도 아내랑 집안일을 같이 하는 편인데 막상 급한 일이 눈앞에 닥치게 되면 육아건 집안일이건 나 몰라라 할 때도 많거든.

듣고 말하기2 612

DJ: 요즘은 혼자 살고 있는 1인 가구가 꾸준히 늘고 있는 것 같아요. 결혼을 꼭 해야 하는 인식이 변해서 결혼을 기피하는 사람이 있는가 하면 시기를 놓쳐 결혼이 늦어진 분들도 있고 사별을 하거나 개인적인 가정사로 혼자 사시는 분들도 많아졌지요. 이렇게 증가하는 1인 가구가 기존의 가족 중심 사회를 무너뜨린다고 해서 사회적인 문제로 인식하는 경우가 있는데요, 원래 인간은 독립적인 존재인 만큼 증가하는 1인 가구의 추세가 어쩌면 자연스러운 현상이 아닐까 싶네요. 그래서 오늘은 한 해가 저물어 가는 연말을 맞아 독신 남녀들의 사연을 듣고 따뜻한 위로와 격려를 전하는 시간을 마련해 볼까 합니다. 사연을 들으시고 이 분들에게 전하고픈 메시지를 보내 주세요. 그럼 함께 들어 볼까요?

여자: 안녕하세요. 인천 용현동에 사는 이수진입니다. 저는 그동안 가족과 떨어져 지내본 적이 없었는데 직장 때문에 독립생활을 시작하게 되었습니다. 이제는 새로운 습관과 규칙이 몸에 배서 그 제법 익숙해졌습니다. 독립한 지 벌써 1년이 되었네요. 처음에는 혼자 사는 데 필요한 가구, 가전제품을 준비하면서 시집가는 것 마냥 들떠있었어요. 드라마 속 여자 주인공처럼 화려하고 멋진 삶을 기대하면서요. 하지만 자유로운 생활도 3개월이 지나고 나니 슬슬 외로워지더라고요. 아침에 눈을 뜨면 어머니가 차려 주시던 따뜻한 밥은 없고 집세며 관리비며 이 모든 것들을 저 혼자 감당해야 했으니까요. 혼자 살수록 경제적 능력이 있어야 한다는 말이 하나도 틀리지 않았어요. 그래서인지 요즘은 결혼은커녕 노후 준비도 제대로 못 하면 어쩌나 하는 생각에 불면증에 시달리곤 합니다. 무엇보다 친구들이 하나둘씩 가정을 이루면서부터 친한 친구들과 연락도 뜸해지고 마음을 터놓고 대화를 나눌 친구가 점점 줄어들어 더 그런 것 같아요. 이렇게 혼자 살다 보니 나 자신은 물론이고 주변을 돌아볼 여유가 생기기 시작하더군요. 또 그동안 미처 깨닫지 못한 가족의 소중함을 다시 한 번 생각하게 되고요. 함께 할 때는 보지 못하고 느끼지 못했던 것들이 시간이 지나니 자연스레 이해가 되었어요. 그래서 내년에는 가족과 지인들에게 안부도 자주 묻고 고마운 마음을 전해 보려고 합니다.

남자: 안녕하세요. 이제 마흔을 앞두고 있는 도민준이라고 합니다. 12년째 광고회사에서 기획자로 일하고 있는 평범한 독신남이죠. 일이 워낙 바쁘다 보니 결혼할 시기를 놓치기는 했지만 그렇다고 결혼한 친구들이 부럽지는 않았습니다. 평일에는 회사의 일로 늘 지쳐있고 주말에는 아이들과 놀아줘야 하니까 자기만의 시간이 전혀 없더라고요. 친구들의 이야기를 듣고 있노라면 답답하기 짝이 없더군요. 사실 독신 생활이 나쁘기만 한 것은 아니거든요. 친구들이 가정생활에 충실할 때 저는 일에 좀 더 집중할 수 있었으니까요. 그 덕분에 저는 회사에서 인정을 받아 동기들보다 승진도 빠른 축에 들죠. 요리도 곧잘 하는 편이고 퇴근 후에는 업무로 쌓인 스트레스를 운동으로 풀면서 나름 독신생활을 즐겼어요. 하지만 얼마 전부터인가 현관문을 열고 들어가 혼자 밥을 먹는 게 참 싫었습니다. 이제 일과를 끝내고 집에 돌아가면 저를 반갑게 맞아줄 아내가 있는 따뜻하고 든든한 가정을 꾸리고 싶어요. 그리고 내년에는 기필코 부모님께 예쁜 손자를 안겨 드리리라 다짐해 봅니다.

DJ: 연말이 되고 새해를 맞을 즈음이면 바쁜 일상의 나를 잠시 내려놓고 인생에서 만나게 되는 여러 고민들이 깨달음이 되고 삶의 교훈이 되는데요. 두 분도 혼자 지낸 시간을 통해 인생의 교훈을 얻으신 것 같네요. 음…무소식이 희소식이라지만 가까운 사람들과 연락을 자주 하지 않고서야 서로의 진심을 알 리가 없죠. 사람들과 마음을 나눈다는 건 따뜻하고 즐거운 일인 만큼 수진 씨도 내년에는 이런 작은 기쁨을 누리며 지내시길 바랄게요. 그리고 요즘에는 민준 씨처럼 강인하지만 부드러운 남성이 매력적이죠. 대부분 여성들이 경제적 능력을 갖추고 있어서 상대적으로 요리 잘하는 남자를 얼마나 선호하는데요. 내년에는 인연을 만나실 것 같은 좋은 예감이 듭니다. 사실, 저도 얼마 전까지 독신 생활을 해서 두 분의 이야기가 남일 같지가 않네요. 제 경험으로 미루어 봤을 때 혼자 살수록 자기 관리가 중요해요. 두 분, 건강을 위해서 식사도 잘 챙겨 드시고 운동도 열심히 하셨으면 합니다. 그럼, 이제 청취자분들이 두 분께 보내 주신 사연을 소개해 드릴게요.

7 지식의 길

듣고 말하기1 613

아멜리: 지성아, 넌 학창 시절로 다시 돌아간다면 어떨 것 같아?

지성: 휴, 사실, 난 지금이 좋아. 그 입시 전쟁에서 다시 살아남을 생각을 하면 앞이 정말 깜깜해. 평일, 휴일 할 것 없이 공붓벌레처럼 공부만 했었어. 게다가 암기식, 주입식 공부에 얼마나 시달렸는지 몰라.

아멜리: 그렇게 공부만 하면 쉴 겨를이 없었겠다. 그렇지 않아도 한국에 오기 전에 한국의 교육열에 대한 다큐멘터리를 봤는데 한국의 모든 학생들이 좁은 공간에서 혼자 공부하더라. 무엇보다 비슷한 동기를 가지고 공부한다는 것이 놀라웠어. 좋은 대학에 들어가고 안정적인 직장에 취직하기 위해 공부한다는 게 말이야.

지성: 모두가 좋은 대학에 가고 싶지만 갈 수 있는 사람 수는 정해져 있으니까. 경쟁은 점점 치열해질 수밖에 없고 그러니 압박을 느낄 수밖에……. 고등학생 때는 대학이 인생의 많은 부분을 결정한다고 생각했어. 그러니 시험을 망친다면 인생이 불행질 수 있다는 생각에 늘 스트레스를 받았지.

아멜리 : 정말 힘들었겠다. 지금도 그렇게 생각해?

지성: 아니. 지금은 공부의 목적도 뚜렷해졌고 공부가 나를 끊임없이 성장하게 한다는 것을 깨닫게 되었어. 이젠 내가 배우고 공부한 것을 조금이나마 다른 사람들에게 돌려주고 싶어.

아멜리 : 우와, 멋진걸. 지식을 나눈다는 것이야말로 가장 보람된 일인 것 같아. 공부하는 게 어렵고 힘든 일이긴 하지만 그 시간만큼 의미 있고 행복한 순간도 없는 것 같아. 나도 한국에서 배운 것을 우리나라에 돌려주려고 해.

듣고 말하기2 614

최수지: 세계 각국의 청년들이 모여 서로의 문화를 알아가는 세계학생회담의 진행을 맡은 최수지입니다. 오늘은 독일 대표 한나 씨와 요르단 대표 모하메드 씨가 이 자리에 참석해 주셨습니다. 안녕하세요. (인사) 제가 사연을 하나 읽어 드릴 테니 잘 들으시고 여러분의 생각을 자유롭게 얘기해주시기 바랍니다.

저는 유학에 대한 꿈을 안고 미국 대학원에 어렵게 진학을 했습니다. 하지만 이곳 학생들의 학습 방법이 한국과는 너무나도 달라서 적응하기가 아주 어렵습니다. 한국에서는 교수님이 연구 주제나 연구 방향에 대해 구체적으로 제시해 주고 지도해주시는 경우가 많은데 미국에 오니 제가 스스로 찾아 공부한 후에 교수님께 진행 사항을 말씀드려야 합니다. 수업 시간에는 학생들이 자유롭게 의견과 정보를 교환하는데, 적극적으로 발언하는 것이 저로서는 무척이나 부담스럽습니다. 수업에서 정해진 주제가 학생에 의해 바뀌는 것을 비롯해서 교수님이 기본 개념에 대해 먼저 설명해주시지 않는 경우가 많아서 수업 시간에 뭘 배우고 있는지도 모르고 마냥 앉아있는 날이 많습니다. 저 잘 적응할 수 있을까요?

한나: 저도 처음 유학 왔을 때가 생각나네요. 독일도 미국처럼 선생님이 처음부터 답을 주시는 경우는 거의 없어요. 어렸을 때부터 그렇게 교육을 받아서 학생들이 스스로 학습 방법을 찾고 계획을 세우는 것에 잘 훈련이 되어 있어요. 그만큼 교사에 대한 의존도도 낮고 독립적인 편이고요. 그런데 한국에서는 교사가 지식이나 견해를 전달하면 학생들이 그것을 듣거나 암기하는 방식이 주를 이뤄서 여간 적응이 어려운 게 아니었지요.

모하메드: 암기 얘기가 나왔으니 말인데 전 처음에 한국 사람들의 뛰어난 암기력을 따라가기가 힘들었어요. 한나 씨도 구구단이라고 들어보셨죠?

한나: 네, 들어봤죠.

모하메드: 제가 한국에 와서 대학교에 입학했는데 구구단을 모른다고 하니까 한국 사람들이 아주 의아해했어요. 수학에 대해 전혀 모르는 사람으로 오해받기도 했고요. 한국 사람들은 이걸 8살이 되기 전에 다 외운다고 하더라고요.

최수지: 그럼 모하메드 씨는 어떤 방식으로 곱셈을 공부했나요?

모하메드: 우리나라에서는 앉아서 머리로만 기억하는 것보다 직접 활용해보면서 체득하는 방식을 많이 쓰거든요. 아마 곱셈을 배웠더라면 바로 시장에 가서 물건을 사면서 써 봤을 거예요.

최수지: 이런 암기식 교육방식은 사실 전통적인 동양식 교육방식이라고도 볼 수 있어요. 옛날에는 책 한 권을 글씨 하나도 빠뜨리지 않고 외우는 것이 공부였거든요. 계속 반복해서 읽다 보면 외워지고 외우고 나면 나중에 그 이치를 깨닫게 된다고 생각했어요. 그래서 가끔 드라마나 영화를 보면 재미있는 장면이 나와요. 공붓벌레인 학생이 시험을 앞두고 영어 공부를 하는데 영어 사전의 첫 장부터 단어를 외우면서 다 외운 부분은 찢어서 먹는 거예요. 그만큼 다 외웠다는 자신감이 있는 거죠.

한나: 하하, 재미있네요. 사실 독일도 예전에는 암기 학습을 중요하게 생각했어요. 그런데 역사를 통해서 단순한 주입식 교육과 그로 인한 경쟁이 얼마나 위험한지를 뼈저리게 느끼게 됐어요. 독일은 기술과 학문이 세계적으로 앞선 나라였지만 그에 맞는 인성은 교육되지 못했다는 반성에서 교육 방식을 바꾸게 되었어요. 지금은 학교에서 시험 성적을 공개하지 않는데 그 이유는 한 가지 잣대로 사람을 평가할 수 없다고 판단했기 때문이에요. 교사와 다른 학생과의 관계, 수업 태도, 그 밖에 많은 요소들이 평가에 작용하지요. 회사에서 채용할 때에도 최우수 성적으로 졸업한 학생에 대해 오히려 거부감을 느낄 수 있어요. 혼자 뛰어난 능력을 갖춘 사람보다는 주변과 원만한 조화를 이루는 인간형을 추구하거든요.

모하메드: 경쟁 없이 공부할 수 있다는 것이 부럽네요. 요르단은 한국처럼 우수한 대학을 좋은 성적으로 졸업하는 것이 중요하거든요. 부모님도 자식들이 그렇게 되기를 바라고요.

최수지: 동양 사람들은 가족이나 사회의 기대에 부응할 때 그 공동체에 속해있다는 소속감을 느끼잖아요. 그래서 타인의 시선을 중요하게 생각하고 경쟁에서 뒤처지거나 실패하는 것을 굉장히 두려워해요. 이런 두려움이 공부를 하거나 일을 할 때 강한 동기부여로 작용하는 한편 수동적인

사람을 양성해 내기도 하고요. 그래서인지 윗사람의 지시가 내려지기까지는 먼저 행동하거나 의견을 내는 것을 꺼리는 경향이 있어요.

모하메드: 저는 처음에 한국 학생들이 수업에 관심이 별로 없다고 생각했어요. 너무 조용했거든요. 교수님이 질문을 하셨을 때 대답하는 학생도 극히 드물었어요. 요르단 사람들은 정답을 알든 모르든 대답을 해야 수업에 참여한다고 생각해요. 그래서 전 여기에서도 손을 들고 제 생각을 얘기했죠. 그런데 그 대답이 좀 이상했나 봐요. 학생들은 웃고 교수님은 당황한 표정이 얼굴에 역력하셨어요. 한국에서는 전혀 다른 대답을 하거나 교수님 말씀 중에 질문하는 것이 수업을 방해하는 것으로 여겨질 수도 있다는 것을 나중에서야 알게 됐어요.

한나: 수업 방식이나 태도는 우리나라와도 많이 달라서 적응하는 데 시간이 걸렸지만, 교육에 대한 열의만큼은 닮고 싶어요. 밤을 새우면서까지 공부하는 모습이 정말 인상적이었거든요. 학습에 대한 성취 욕구가 정말 대단해요.

최수지: 고등학교에 가면 반마다 급훈이라는 게 있어요. 각 반의 좌우명과 같은 거죠. '오늘 흘릴 침은 내일 흘릴 눈물' 이나 '2호선을 타자' 처럼 재미있으면서도 한국 학생들의 현실을 반영하고 있는 말이 많으니 한번 찾아보세요. 자, 그럼 이쯤에서 마무리해야겠네요. 오늘 교육을 주제로 재미있는 이야기를 나눠 주신 두 분께 감사드립니다. 공부를 한 사회의 문화와 역사, 생활방식, 사고습관 등이 반영된 역사적 산물이자 문화적 자산이라는 말의 의미를 다시 새겨볼 수 있는 시간이었습니다. 사연을 주신 분도 공부 방법에 적응할 즈음이면 그 사회를 이해하는 폭도 넓어져 있을 거라 믿습니다. 그럼 다음 시간에 다시 찾아뵙겠습니다. 이 자리에 참석해주신 여러분께 감사드립니다.

8 한국 현대사

듣고 말하기1 615

새벽종이 울렸네 새 아침이 밝았네 / 너도 나도 일어나 새 마을을 가꾸세.
초가집도 없애고 마을길도 넓히고 / 푸른 동산 만들어 알뜰살뜰 다듬세.
서로 서로 도와서 땀 흘려서 일하고 / 소득 증대 힘써서 부자 마을 만드세.
우리 모두 굳세게 싸우면서 일하고 / 일하면서 싸워서 새 조국을 만드세.
(후렴) 살기 좋은 내 마을 / 우리 힘으로 만드세.

듣고 말하기2 616

기 자 : 안녕하십니까? 서예진 기자입니다. 지금 광화문 거리에는 '가장 기억에 남는 한국의 사건' 이라는 주제로 시민들을 대상으로 설문조사를 진행하고 있습니다. 한국 전쟁부터 현재까지 일어난 굵직한 사건들이 사진과 함께 전시되어 있는데 이 중에서 한 가지 사건을 뽑아 투표하는 방식입니다. 설문 조사에 참여해 주신 몇 분의 인터뷰를 들어보겠습니다.

시민1: 내가 가장 기억에 남는 사건은 1985년에 처음으로 이루어진 이산가족 상봉이야. 한국 전쟁 당시 난 위험을 무릅쓰고 가족과 함께 남한으로 내려왔지. 나처럼 고향을 등지고 남한으로 온 실향민들은 명절 때면 고향이 그리워 통일 전망대에 올라 북한 땅을 바라보곤 했지. 전쟁 통에 가족과 헤어져 고향 땅을 바라만 볼 수밖에 없는 사람들의 애타는 심정은 이루 다 말할 수 없지 않나? 그런데 분단된 지 30년 만에 어렵게 마련된 이산가족 상봉은 얼마나 감격스럽던지……. 뉴스로 간절히 기다리던 끝에 꿈에 그리던 가족들을 만나 감격의 눈물을 흘리는 모습을 봤는데 아마 나를 비롯해 온 국민이 함께 눈시울을 적셨을 거야.

시민2: 요즘 젊은이들은 경험해보지 못했겠지만 제 세대들은 공감하리라 생각합니다. 저는 1982년 야간 통행금지 제도가 폐지된 날에 한 표를 던졌는데요. 이 날은 특히 젊은이들에게 해방감을 준

날이었습니다. 원래는 한국 전쟁 이후에 치안을 유지하기 위해 시작된 제도였지만 이후에는 정치적인 억압의 도구가 되기도 했지요. 밤 10시만 되면 어김없이 경보음이 울렸고 급히 집으로 발길을 돌리는 사람들로 인해 거리는 매우 분주했습니다. 한국 사람들의 빨리 빨리 문화가 여기에서 비롯된 것은 아닐까요? 미처 집에 들어가지 못한 사람들은 경찰서에서 하룻밤을 지새울 수밖에 없었는데 연애 중인 청춘 남녀에서부터 술에 취한 사람들까지 아주 다양한 사람들이 모여 있었죠. 하하.

시민3: 아휴. 1997년 외환위기를 기억 못하면 대한민국 사람이 아니죠. 수많은 회사가 부도가 나고 직장을 잃게 된 마당에 불안해서 잠을 잘 수도 없었어요. 저도 생활비에 애들 등록금까지 내야하는 상황에서 남편이 해고 당할까봐 조마조마 했었죠. 이렇게 힘든 상황에서 나라의 빚을 갚겠다고 국민들이 자발적으로 집에 있는 금을 모아 국가에 기부하기 시작했어요. 저도 결혼 예물이며 돌 반지며 모두 모아 냈었죠. 그만한 양의 금이 나올 줄이야 아무도 상상 못했습니다. 나라의 부채를 갚고도 세계의 금값을 뚝 떨어뜨릴 정도의 양이었으니 말입니다.

시민4: 대한민국! 바로 여기 광화문에서 수많은 사람들이 모여 뜨겁게 응원하던 2002년 월드컵이 지금도 생생하게 기억에 남아요. 처음으로 4강까지 진출했을 때 모르는 사람과 얼싸안고 뛰었던 그 때를 생각하면 정말 흥분의 도가니였죠. 오후에 경기가 있는 날에는 회사 근무 중에도 모두 텔레비전 앞에 모여서 응원했는데 정말 진풍경이었어요.

기 자 : 참으로 다양한 응답이 나왔습니다. 세대별로 기억에 남는 사건이 각기 다르다는 것도 살펴볼 수 있었습니다. 자, 그렇다면 시청자 여러분은 어떤 사건이 가장 기억에 남습니까?

모범답안

1 철학과 삶

듣고 말하기1 P. 11

1. 부정부패 방지(깨끗한 양심)
2. ④
3. 자유대답

어휘 학습 P. 12

1. 1) 초월하여
   2) 선도하였다
   3) 관철시켰다
   4) 정립하였다
   5) 성립하기
2. 1) 다 2) 가 3) 마 4) 나 5) 라
3. 1) 나 2) 가 3) 라 4) 다
4. 1) 가슴에 손을 얹고
   2) 마음이 굴뚝같았다고
   3) 눈을 뜨게 되었어요
   4) 바닥이 드러난

읽고 말하기 P. 16

1. 성숙한 인간이란 무엇인가 / 인간의 철학적 정의
2. ④
3. 1) 동물
   2) 성선설
   3) 성악설
4. 1) 도덕과 학문에 뛰어난 군자
   2) 위로는 깨달음을 구하고 아래로는 일반 사람을 가르쳐 고통으로부터 건져 내는 일을 하는 자
   3) 하나님을 경외하고 이웃을 사랑하며 만물에 대해 책임을 지는 사람
5. 자유대답
6. 자유대답

듣고 말하기2 P. 18

1. 죽음이란 무엇인가?
2. ④
3. 죽음에 대해 제대로 인식하여 어떻게 살아야 하는지에 대해 고민해야 한다.
4. 자유대답

2 환경과 미래

듣고 말하기1 P. 27

1. 쓰레기를 줄이는 다양한 방법
2. ①, ③
3. 1) 다
   2) 가
   3) 나
4. 자유대답

어휘 학습 P. 28

1. 1) 마 2) 라 3) 가 4) 나 5) 다
2. 1) 도마 위에 올랐다
   2) 눈살을 찌푸렸다
   3) 발 벗고 나서며
   4) 내 코가 석자
3. 1) 다 2) 가 3) 라 4) 나
4. 1) 가랑비에 옷 젖는 줄 모른다
   2) 뿌린 대로 거둔다
   3) 소 잃고 외양간 고치기
   4) 모로 가도 서울만 가면 된다

읽고 말하기 P. 32

1. 사막화란 자연적, 인위적 요인에 따라 토지가 더 이상 식물이 자라날 수 없는 환경으로 바뀌는 것이다

2.

1) 자연적인 요인	기후의 영향 (지속되는 가뭄 등)
2) 인위적인 요인	과도한 방목과 개간, 삼림의 파괴 (벌채), 수자원 이용 증가

3. ③
4. 자유대답

듣고 말하기2 P. 33

1.

[답변 1]	쓰레기가 급증하여 환경오염이 심각했다.
[답변 2]	꽃이 만발하고 수만 마리의 철새가 날아드는 자연의 보고였다.
[답변 3]	환경 문제가 사회적으로 큰 쟁점이 되면서 2002년 월드컵과 새천년을 기념하여 복원사업이 시작되었다.
[답변 4]	월드컵 공원 전시관, 5개의 바람개비

2. ②
3. 자유대답
4. 자유대답

3 관혼상제

듣고 말하기1 P. 43

1. ②
2.

1) 성년의 날	매년 5월 셋째 월요일
2) 성년의 나이 기준	만 19세
3) 선물의 종류	장미, 향수, 키스

3. 자유대답

어휘 학습 P. 44

1. 1) 마 2) 라 3) 아 4) 다 5) 나 6) 자
7) 사 8) 가 9) 바
2. 1) 나 2) 라 3) 가 4) 다
3. 1) 날을 가려
2) 면사포를 쓰게 되었어요
3) 머리가 컸다고
4) 유명을 달리하셔서
4. 1) 감 놔라 배 놔라 하는
2) 장사 지내러 가는 놈이 시체 두고 간다
3) 제사보다 젯밥에 더 관심이 많아요.
4) 떡 본 김에 제사 지낸다
5) 중매는 잘하면 술이 잔이고 못하면 뺨이 세 대라는
6) 뒷간과 사돈집은 멀수록 좋다

읽고 말하기 P. 49

1. 바람직한 결혼 문화
2. 결혼 자금에 대한 부담
3. ②
4.

1) 셀프 웨딩	결혼 준비 단계부터 결혼식 당일의 세부 순서들을 신랑 신부가 손수 준비
2) 에코 웨딩	친환경 결혼식, 재활용 종이 활용한 청첩장, 자연섬유 사용한 웨딩드레스, 화환 대신 쌀을 받아 불우 이웃에 기증

5.자유대답

듣고 말하기 2 P. 50

1. 조상의 은혜에 감사하고 덕을 추모하는 것
2. 나라를 효과적으로 통치하기 위해 만들어낸 도구
3. ③
4. ④
5. 자유대답
6. 자유대답

4 인천의 명소

듣고 말하기1 P. 63

1. 인천의 명소 월미도
2. ③
3. 자유대답

어휘 학습 P. 64

1. 1) 명소 2) 정취 3) 낙조 4) 장관
   5) 유래되었다 6) 즐비해
   7) 붐빈다 8) 각광받고 9) 만끽하기에
2. 1) 입이 벌어졌어요 2) 손색이 없어요
   3) 감회가 새롭네요 4) 한눈에 들어오는
3. 1) 나 2) 다 3) 라 4) 가
4. 1) 게 눈 감추듯(이)
   2) 싼 게 비지떡
   3) 금강산도 식후경

읽고 말하기 P. 69

1. ②
2. 강화도는 한국의 역사를 고스란히 담고 있기 때문에
3. 대웅전 추녀의 네 모서리 기둥에서 '나부상'을 발견할 수 있었다. 이것은 절을 짓던 목수가 사랑을 배반하고 도망간 여인에게 배신감과 분노를 느껴 그 여인을 생각하면서 만들었다.
4. 해전에 약한 몽고의 침략에 대항하기 위해서
5.

전등사
한국에서 현존하는 가장 오래된 사찰이다. 전등사는 화려한듯 하지만 정갈하고 우아함이 돋보이는 사찰이었다. 여기는 여느 사찰들과 달리 성문을 통해 안으로 들어간다. 위엄과 기품, 오랜 역사를 간직한 대웅전에서 '나부상'에 대한 설화를 마주하니 사찰을 둘러보는 재미가 더욱 풍성해지면서 다시금 사방의 경치에 시선을 빼앗겼다.

⋮

고려궁지
39년간 궁궐로 사용되었으나 전쟁 통에 거의 불타버렸고 지금은 건물 몇 채만 남아 자리를 지키고 있어 안타까울 따름이었다. 힘의 논리를 보여주는 이 역사의 현장을 보면서 과거의 역사를 통해 삶의 지혜를 배우고 미래에 우리가 어떻게 해야만 잘 살아갈지, 후손들에게 우리의 역사를 어떻게 잘 물려 줄 수 있을지를 생각하게 되었다

⋮

강화성당
동양과 서양의 질서가 조화롭게 공존하고 서로 받쳐주고 있는 느낌이 들었다. 아마도 여러 나라의 침략을 거치면서 외래 문물이나 종교에 대한 거부감이 크다 보니 그러 인해 전통 건축 양식을 따라 지은 것이 아닐까하는 생각이 들었다.

6. 자유대답

듣고 말하기2 P. 71

1. 인천의 명소 신포국제시장
2. ②
3.

시장의 먹을거리	유명해진 배경
1) 닭강정	① 러시아 선원들의 고향에 대한 향수를 달래고 닭튀김을 오래 두고 먹을 방법을 고심한 끝에 만들어졌다. ② 양념이 듬뿍 묻어 있어 식어도 맛있게 먹을 수 있기 때문이다.
2) 공갈빵	① 화교들의 영향을 받은 음식이다. ② 빵의 크기가 크지만 안이 텅텅 비어 있고 먹으면 먹을수록 생각나고 손이 가는 음식이다.

4.

시장의 볼거리	특징
등대 공원	① 공연이나 전시를 감상할 수 있어서 시장의 사랑방 역할을 한다. ② 풍경이 아름다워 사진을 찍기에 좋은 장소이다.

5. 자유대답

5 합리적 소비

듣고 말하기1 P. 81

1. 수요와 공급 법칙
2. ③
3. 왜 명품은 가격이 올라가면 올라갈수록 수요가 늘어날까?
4. 자유대답

어휘 학습 P. 82

1. 1) 라 2) 다 3) 나 4) 가 5) 마 6) 바
2. 1) 쌈짓돈이 주머닛돈
   2) 돈은 앉아서 주고 서서 받는다
   3) 외상이면 소도 잡아 먹는다
   4) 개같이 벌어서 정승같이 쓴다
   5) 같은 값이면 다홍치마라고
   6) 쌀독에서 인심 난다
3. 1) 라 2) 가 3) 나 4) 다 5) 마
4. 1) 라 2) 가 3) 나 4) 마 5) 다

읽고 말하기 P. 86

1. ③
2. ①
3. ④
4. ②
5. 자유대답

듣고 말하기2 P. 89

1. 회사의 발전 방향에 대해
2. ③
3. ②
4. 자유대답

6 변화하는 가족

듣고 말하기1 P. 99

1. 육아에 대한 고충
2. ④
3. 자유대답

어휘 학습 P. 100

1. 1) 핵가족
   2) 조손가정
   3) 다문화가족
   4) 확대가족
   5) 한부모가정
2. 1) 저출산 · 고령화
   2) 황혼이혼
   3) 만혼
   4) 다산
3. 1) 다 2) 라 3) 나 4) 가
4. 1) 가지 많은 나무에 바람 잘 날 없다
   2) 고슴도치도 제 새끼는 함함하다
   3) 피는 물보다 진하다
   4) 열 손가락 깨물어서 안 아픈 손가락 없는 법이에요
   5) 짚신도 제 짝이 있다
   6) 형만 한 아우 없다

읽고 말하기 P. 104

1. ②
2. 1) 애틋함과 그리움으로 남아 있다.

2) 지금까지 내가 '살았던 곳'은 광안리가 전부 이고 내가 사는 동안 부산은 큰 변화가 없었기 때문에 '새로운 곳'에 대한 관심이나 열망도 생겨나지 않았다.

3. 파벌이 형성되어 큰언니가 두 살 어린 작은언니를 따돌렸다. 작은언니가 큰언니에게 함께 놀아달라고 200원을 주고 파벌 싸움은 끝났다.
4. 고철 줍기, 피구
5. ③
6. 자유대답

듣고 말하기 2 P. 107

1. 혼자 사는 사람들(독신남녀)에 관한 이야기
2. ④
3. 원래 인간은 독립적이 존재인 만큼 증가하는 1인 가구의 추세가 자연스러운 현상이라고 생각한다.
4. 노후 준비에 대한 걱정
5. 평일에는 회사의 일로 늘 지쳐있고 주말에는 아이들과 놀아줘야 하니까 자기만의 시간이 없어 보이기 때문에 부럽다고 생각하지 않는다.
6.

여자	남자
② ③ ⑤ ⑥	① ④ ⑦ ⑧

7. 자유대답

7 지식의 길

듣고 말하기1 P. 119

1. 학창시절의 입시 공부에 대한 이야기
2. 한국의 모든 학생들이 좁은 공간에서 혼자 공부하는 것을 봤습니다. 무엇보다 좋은 대학에 들어가고 안정적인 직장에 취직하려는 비슷한 동기를 가지고 공부한다는 것에 놀랐다.
3. ③
4. 자유대답

어휘 학습 P. 120

1. 1) 교육열 2) 학구열 3) 공교육
4) 인성교육 5) 가정교육 6) 사교육
2. 1) 습득하다 2) 탐색하다
3) 탐구하다 4) 터득하다
3. 1) 벼 이삭은 익을수록 고개를 숙인다
2) 한 우물을 파다
3) 열 번 찍어 안 넘어가는 나무 없다
4) 서당 개 삼 년에 풍월을 읊는다
4. 1) 청출어람 2) 주경야독
3) 백년대계 4) 괄목상대

읽고 말하기 P. 123

1. 토론의 중요성
2. 타인의 언어와 생각을 존중하고 공감하려는 자세
3. 듣기, 경청
4. ④
5. 자유대답

듣고 말하기2 P. 125

1. 동양과 서양의 학습 방식의 차이
2. ④
3.

	학습 방식	배경
한국	암기식, 경쟁적, 교사의 역할 강조	전통적 교육 방식 타인의 시선 중시
요르단	배운 것을 실제로 적용, 질문에 적극적으로 대답	없음
독일	학생의 역할 강조	주변 사람과의 조화를 중시하는 사회 분위기

4. 자유대답

8 한국 현대사

듣고 말하기1 P. 135

1. 희망차다, 활기차다
2. ③
3. 자유대답

어휘 학습 P. 136

1. 1) 수립되었다 2) 침범했다
   3) 추진했다 4) 전개했다
   5) 논의하였다 6) 진출했다
2. 1) 등을 돌렸다
   2) 엎친 데 덮친 격
   3) 손꼽아 기다리고 있다
   4) 손에 손을 잡고
3. 1) 나 2) 다 3) 라 4) 가

읽고 말하기 P. 139

1. 6.25 한국전쟁
2. ③
3.

제목
① 남북 분단의 배경
② 남북 통일 정부 수립의 실패와 남북 대립의 심화
③ 6.25 전쟁의 발발 및 휴전

4.

일시	사건
1945년	• 대한민국 독립 • 미국군과 소련군의 분할 점령책 발표 • 12월 모스크바 외무 장관 회의 • 민족주의 진영의 신탁 통치 반대 운동
1946년	• 북한: 북조선 인민 위원회가 행정과 치안 담당
1948년	• 5월 10일 남한 총선거 • 8월 15일 대한 민국 정부 수립 • 9월 조선 민주주의 인민 공화국 수립
1949년	• 중국 공산당 정권 대륙 장악
1950년	• 6월 25일 전쟁 발발 • 1950년 UN군 한국 파병
1951년	• 휴전 회담
1953년	• 휴전 협정 체결

5. 자유대답

듣고 말하기2 P. 141

1. 가장 기억에 남는 한국의 역사적 사건에 대해
2.

이모씨 (78세)	• 1985년 처음으로 이루어진 이산가족 상봉 • 한국 전쟁을 겪음 • 이산가족 상봉을 감격스러워함
정모씨 (60세)	• 1982년 야간 통행금지 제도가 폐지된 날 • 한국 전쟁 이후에 치안을 유지하기 위해 시작된 제도였지만 이후에는 정치적인 억압의 도구가 된 제도
오모씨 (54세)	• 1997년 외환위기 사건 • 국민들이 자발적으로 집에 있는 금을 모아 국가에 기부함
남모씨 (33세)	• 2002년 월드컵 • 수많은 사람들이 광화문에 모여 함께 응원함 • 한국 팀이 월드컵 4강에 진출함

3. 1) O 2) × 3) O 4) O 5) ×
4. 자유대답

어휘색인

1. 관용표현

관용표현	해당 과
가슴에 손을 얹다	6급 01과
눈을 뜨다	6급 01과
마음이 굴뚝같다	6급 01과
바닥이 드러나다	6급 01과
가랑비에 옷 젖는 줄 모른다	6급 02과
내 코가 석 자	6급 02과
눈살을 찌푸리다	6급 02과
도마 위에 오르다	6급 02과
모로 가도 서울만 가면 된다	6급 02과
몸에 배다	6급 02과
뿌린 대로 거둔다	6급 02과
소 잃고 외양간 고친다	6급 02과
남의 제사에 감 놔라 배 놔라 한다	6급 03과
뒷간과 사돈집은 멀수록 좋다	6급 03과
떡 본 김에 제사 지낸다	6급 03과
장사 지내러 가는 놈이 시체 두고 간다	6급 03과
제사보다 젯밥에 더 관심이 많다	6급 03과
중매는 잘하면 술이 석 잔이고 못하면 뺨이 세 대다	6급 03과
떡 줄 사람은 꿈도 안 꾸는데 김칫국부터 마신다	6급 03과
손가락질을 받다	6급 03과
게 눈 감추듯 하다	6급 04과
금강산도 식후경	6급 04과
비행기를 태우다	6급 04과
손이 가다	6급 04과
싼 게 비지떡	6급 04과
입이 벌어지다	6급 04과
한눈에 들어오다	6급 04과

관용표현	해당 과
같은 값이면 다홍치마이다	6급 05과
개같이 벌어서 정승같이 써라	6급 05과
돈은 앉아서 주고 서서 받는다	6급 05과
밑지는 장사	6급 05과
쌀독에서 인심 난다	6급 05과
쌈짓돈이 주머닛돈	6급 05과
외상이면 소도 잡아 먹는다	6급 05과
한 밑천 잡다	6급 05과
한솥밥을 먹다	6급 05과
허리띠를 졸라매다	6급 05과
가지 많은 나무에 바람 잘 날 없다	6급 06과
고슴도치도 제 새끼는 함함하다고 한다	6급 06과
무소식이 희소식	6급 06과
열 손가락 깨물어서 안 아픈 손가락 없다	6급 06과
짚신도 제짝이 있다	6급 06과
피는 물보다 진하다	6급 06과
형 만한 아우 없다	6급 06과
될 성싶은 나무는 떡잎부터 알아본다	6급 07과
벼 이삭은 익을수록 고개를 숙인다	6급 07과
서당 개 삼년에 풍월을 한다	6급 07과
열 번 찍어 안 넘어가는 나무 없다	6급 07과
한 우물을 파다	6급 07과
등을 돌리다	6급 08과
발길을 돌리다	6급 08과
손꼽아 기다리다	6급 08과
손에 손을 잡다	6급 08과
엎친 데 덮치다	6급 08과

2. 한자성어

새 어휘 및 표현	영 역
개과천선(改過遷善)	6급 01과
사필귀정(事必歸正)	6급 01과
절차탁마(切磋琢磨)	6급 01과
호연지기(浩然之氣)	6급 01과
전대미문(前代未聞)	6급 01과
격세지감(隔世之感)	6급 02과
과유불급(過猶不及)	6급 02과
산천초목(山川草木)	6급 02과
우후죽순(雨後竹筍)	6급 02과
남녀노소(男女老少)	6급 03과
동고동락(同苦同樂)	6급 03과
동서고금(東西古今)	6급 03과
살신성인(殺身成仁)	6급 03과
유유상종(類類相從)	6급 03과
허례허식(虛禮虛飾)	6급 03과
홍동백서(紅東白西)	6급 03과
명불허전(名不虛傳)	6급 04과
문전성시(門前成市)	6급 04과
삼삼오오(三三五五)	6급 04과
인산인해(人山人海)	6급 04과
차일피일(此日彼日)	6급 04과
금상첨화(錦上添花)	6급 05과
박리다매(薄利多賣)	6급 05과
일확천금(一攫千金)	6급 05과
천정부지(天井不知)	6급 05과
가화만사성(家和萬事成)	6급 06과
금지옥엽(金枝玉葉)	6급 06과
부전자전(父傳子傳)	6급 06과
현모양처(賢母良妻)	6급 06과
괄목상대(刮目相對)	6급 07과
백년대계(百年大計)	6급 07과
주경야독(晝耕夜讀)	6급 07과
청출어람(靑出於藍)	6급 07과
아비규환(阿鼻叫喚)	6급 08과
전무후무(前無後無)	6급 08과
전화위복(轉禍爲福)	6급 08과

3. 어휘 전체

새 어휘 및 표현	영 역
가상	6급 01과
가슴에 손을 얹다	6급 01과
가슴을 치다	6급 01과
값지다	6급 01과
강제	6급 01과
개과천선	6급 01과
건네받다	6급 01과
겨냥하다	6급 01과
경외하다	6급 01과
고등하다	6급 01과
고이다	6급 01과
고작	6급 01과
곪아떨어지다	6급 01과
공포감	6급 01과
관철하다	6급 01과
광년	6급 01과
구원	6급 01과
국제항	6급 01과
군대	6급 01과
귀족	6급 01과
기다	6급 01과
너머	6급 01과

새 어휘 및 표현	영 역
눈을 뜨다	6급 01과
당선되다	6급 01과
대뇌	6급 01과
대중화	6급 01과
더듬더듬	6급 01과
도달하다	6급 01과
두개골	6급 01과
두말하면 잔소리	6급 01과
뒷돈	6급 01과
마음이 굴뚝같다	6급 01과
명언	6급 01과
목마름	6급 01과
무시하다	6급 01과
물들다	6급 01과
바닥이 드러나다	6급 01과
바이러스	6급 01과
발사	6급 01과
발품	6급 01과
변	6급 01과
봉쇄하다	6급 01과
불멸	6급 01과
비인간적	6급 01과
사례비	6급 01과
사막	6급 01과
사필귀정	6급 01과
생존자	6급 01과
성립하다	6급 01과
성욕	6급 01과
성찰하다	6급 01과
소뇌	6급 01과
소홀하다	6급 01과

새 어휘 및 표현	영 역
수면욕	6급 01과
스핑크스	6급 01과
시장하다	6급 01과
신념	6급 01과
심심치 않다	6급 01과
아동학대	6급 01과
악해지다	6급 01과
앞가림	6급 01과
앞장서다	6급 01과
약소하다	6급 01과
양심	6급 01과
양육권	6급 01과
엄지	6급 01과
연합하다	6급 01과
영양실조	6급 01과
영혼	6급 01과
예측하다	6급 01과
온천	6급 01과
우울하다	6급 01과
우주선	6급 01과
원수	6급 01과
원인균	6급 01과
유도하다	6급 01과
유사하다	6급 01과
유인원	6급 01과
유통하다	6급 01과
유포하다	6급 01과
윤리적	6급 01과
의뢰받다	6급 01과
이중성	6급 01과
인격적	6급 01과

새 어휘 및 표현	영 역
인권	6급 01과
인위적	6급 01과
자비	6급 01과
자원하다	6급 01과
잠결	6급 01과
저술	6급 01과
전대미문	6급 01과
전성기	6급 01과
전염되다	6급 01과
전염병	6급 01과
전파되다	6급 01과
절차탁마	6급 01과
접대	6급 01과
정립하다	6급 01과
정작	6급 01과
존재하다	6급 01과
지니다	6급 01과
지르다	6급 01과
지팡이	6급 01과
진리	6급 01과
진화	6급 01과
징집하다	6급 01과
짚다	6급 01과
청탁	6급 01과
청하다	6급 01과
초월하다	6급 01과
촌지	6급 01과
치명적	6급 01과
치유하다	6급 01과
칸막이	6급 01과
타락하다	6급 01과

새 어휘 및 표현	영 역
탑승자	6급 01과
터뜨리다	6급 01과
토양	6급 01과
통찰력	6급 01과
평온하다	6급 01과
폭발하다	6급 01과
폭탄	6급 01과
한배를 타다	6급 01과
항구	6급 01과
해골	6급 01과
행성	6급 01과
현관	6급 01과
호연지기	6급 01과
화염	6급 01과
확산	6급 01과
후유증	6급 01과
가공하다	6급 02과
가랑비에 옷 젖는 줄 모른다	6급 02과
개간	6급 02과
거주하다	6급 02과
격세지감	6급 02과
고갈되다	6급 02과
과도하다	6급 02과
과유불급	6급 02과
기인하다	6급 02과
내 코가 석자	6급 02과
눈살을 찌푸리다	6급 02과
담장	6급 02과
대기층	6급 02과
대체에너지	6급 02과
도마 위에 오르다	6급 02과

새 어휘 및 표현	영 역
도박	6급 02과
도배	6급 02과
막대하다	6급 02과
만발하다	6급 02과
매립지	6급 02과
모로 가도 서울만 가면 된다	6급 02과
몸에 배다	6급 02과
물씬	6급 02과
반발하다	6급 02과
발돋움	6급 02과
방목	6급 02과
방출하다	6급 02과
벌칙	6급 02과
보고	6급 02과
복원하다	6급 02과
부각시키다	6급 02과
불가피하다	6급 02과
비닐	6급 02과
뿌린 대로 거둔다	6급 02과
사막화	6급 02과
산성비	6급 02과
산천초목	6급 02과
소 잃고 외양간 고친다	6급 02과
악화	6급 02과
어마어마하다	6급 02과
열대림	6급 02과
염분	6급 02과
오존층	6급 02과
온난화	6급 02과
외계	6급 02과
용기	6급 02과

새 어휘 및 표현	영 역
우려하다	6급 02과
우후죽순	6급 02과
원형	6급 02과
유기적	6급 02과
이면지	6급 02과
인공미	6급 02과
자연미	6급 02과
절실하다	6급 02과
조성되다	6급 02과
증발	6급 02과
직결되다	6급 02과
차단하다	6급 02과
철새	6급 02과
철저하다	6급 02과
청정에너지	6급 02과
탄광	6급 02과
펼쳐지다	6급 02과
폐광되다	6급 02과
폐교	6급 02과
폭설	6급 02과
풍수지리	6급 02과
하소연	6급 02과
한층	6급 02과
합병하다	6급 02과
향취	6급 02과
휩쓸리다	6급 02과
흡수하다	6급 02과
가부장제	6급 03과
가통	6급 03과
간소하다	6급 03과
강화되다	6급 03과

새 어휘 및 표현	영 역
거듭하다	6급 03과
거품을 빼다	6급 03과
거행하다	6급 03과
결합	6급 03과
겹경사	6급 03과
고락	6급 03과
고인	6급 03과
고하	6급 03과
공경하다	6급 03과
과시	6급 03과
과실	6급 03과
관혼상제	6급 03과
교만하다	6급 03과
구성원	6급 03과
국수를 먹다	6급 03과
굳다	6급 03과
권위	6급 03과
근로자	6급 03과
근본	6급 03과
기원	6급 03과
기재하다	6급 03과
날을 가리다	6급 03과
남녀노소	6급 03과
남의 제사에 감 놔라 배 놔라한다	6급 03과
낭독	6급 03과
내빈	6급 03과
내색	6급 03과
노동조합	6급 03과
누렇다	6급 03과
대행하다	6급 03과
동고동락	6급 03과

새 어휘 및 표현	영 역
동서고금	6급 03과
되레	6급 03과
되살아나다	6급 03과
되새기다	6급 03과
되풀이되다	6급 03과
뒷간과 사돈집은 멀수록 좋다	6급 03과
떡본 김에 제사 지낸다	6급 03과
떡 줄 사람은 꿈도 안 꾸는데 김칫국부터 마신다	6급 03과
띠다	6급 03과
매장	6급 03과
머리가 크다	6급 03과
면사포를 쓰다	6급 03과
무색하다	6급 03과
문상객	6급 03과
박수	6급 03과
베풀다	6급 03과
부재	6급 03과
부추기다	6급 03과
분담하다	6급 03과
불교	6급 03과
불화	6급 03과
불효막심하다	6급 03과
불효자	6급 03과
빼다	6급 03과
사안	6급 03과
살신성인	6급 03과
삼베	6급 03과
상례	6급 03과
상복	6급 03과
상응하다	6급 03과
서약하다	6급 03과

새 어휘 및 표현	영 역
선언하다	6급 03과
성년	6급 03과
소모하다	6급 03과
소요되다	6급 03과
손가락질을 받다	6급 03과
수치	6급 03과
술버릇	6급 03과
신분증	6급 03과
심해	6급 03과
알차다	6급 03과
양가	6급 03과
엄숙하다	6급 03과
여건	6급 03과
여력	6급 03과
엳다	6급 03과
예(禮)	6급 03과
오죽	6급 03과
온전하다	6급 03과
원망하다	6급 03과
유교	6급 03과
유래	6급 03과
유명을 달리하다	6급 03과
유유상종	6급 03과
의례	6급 03과
이실직고	6급 03과
이왕	6급 03과
일생일대	6급 03과
자손	6급 03과
장례	6급 03과
장만하다	6급 03과
장묘	6급 03과

새 어휘 및 표현	영 역
장사 지내러 가는 놈이 시체 두고 간다	6급 03과
장의사	6급 03과
재해석하다	6급 03과
전락하다	6급 03과
점화	6급 03과
정성껏	6급 03과
제사보다 젯밥에 더 관심이 많다	6급 03과
조문객	6급 03과
주례사	6급 03과
주체	6급 03과
중매는 잘하면 술이 석 잔이고 못하면 뺨이 세 대다	6급 03과
지성	6급 03과
지향하다	6급 03과
직계	6급 03과
착석하다	6급 03과
처벌	6급 03과
철이 들다	6급 03과
체면	6급 03과
체제	6급 03과
촌락	6급 03과
추구하다	6급 03과
추도하다	6급 03과
추세	6급 03과
일생일대	6급 03과
축복하다	6급 03과
충만하다	6급 03과
측정하다	6급 03과
치르다	6급 03과
친지	6급 03과
태연하다	6급 03과
토장	6급 03과

새 어휘 및 표현	영 역
통치하다	6급 03과
폐백	6급 03과
풍수	6급 03과
풍조	6급 03과
행진	6급 03과
허례허식	6급 03과
헌신적	6급 03과
혼령	6급 03과
혼수	6급 03과
홍동백서	6급 03과
화장	6급 03과
화촉	6급 03과
환하다	6급 03과
획일화	6급 03과
희석하다	6급 03과
힘차다	6급 03과
간직하다	6급 04과
갈매기	6급 04과
강력하다	6급 04과
개화기	6급 04과
갯벌	6급 04과
건립하다	6급 04과
게눈 감추듯하다	6급 04과
고스란하다	6급 04과
고심하다	6급 04과
고용	6급 04과
고인돌	6급 04과
고즈넉하다	6급 04과
골고루	6급 04과
구조물	6급 04과
군침	6급 04과

새 어휘 및 표현	영 역
근대	6급 04과
금강산도 식후경	6급 04과
기품	6급 04과
기호	6급 04과
길목	6급 04과
꼬르륵	6급 04과
꼽다	6급 04과
낙랑장송	6급 04과
낙조	6급 04과
낚아채다	6급 04과
남다르다	6급 04과
달래다	6급 04과
담백하다	6급 04과
대항하다	6급 04과
던져주다	6급 04과
도심	6급 04과
돋보이다	6급 04과
동행하다	6급 04과
두텁다	6급 04과
둥그렇다	6급 04과
드나들다	6급 04과
들녘	6급 04과
듬뿍	6급 04과
등재되다	6급 04과
디디다	6급 04과
떠받들다	6급 04과
뚜벅뚜벅	6급 04과
뚝딱	6급 04과
말끔하다	6급 04과
맞벌이	6급 04과
맞추다	6급 04과

새 어휘 및 표현	영 역
명불허전	6급 04과
명소	6급 04과
모서리	6급 04과
목수	6급 04과
문물	6급 04과
문전성시	6급 04과
반감되다	6급 04과
배반하다	6급 04과
번지다	6급 04과
벌거벗다	6급 04과
보글보글	6급 04과
부스러기	6급 04과
분노	6급 04과
비옥하다	6급 04과
비치다	6급 04과
비행기를 태우다	6급 04과
빙하	6급 04과
사그라지다	6급 04과
사랑방	6급 04과
사방	6급 04과
산세	6급 04과
살리다	6급 04과
삼삼오오	6급 04과
상설	6급 04과
새벽길	6급 04과
선보이다	6급 04과
선착장	6급 04과
선호도	6급 04과
설문지	6급 04과
소라	6급 04과
소박하다	6급 04과

새 어휘 및 표현	영 역
손이 가다	6급 04과
수려하다	6급 04과
수준급	6급 04과
수평선	6급 04과
순무	6급 04과
실감하다	6급 04과
싼 게 비지떡	6급 04과
쓱쓱	6급 04과
양식	6급 04과
어깨	6급 04과
어민	6급 04과
어촌	6급 04과
얼어붙다	6급 04과
왕래하다	6급 04과
우아하다	6급 04과
웅장하다	6급 04과
위엄	6급 04과
유람선	6급 04과
유일하다	6급 04과
읍내	6급 04과
인산인해	6급 04과
일컫다	6급 04과
입이 벌어지다	6급 04과
자태	6급 04과
전란	6급 04과
절충되다	6급 04과
정갈하다	6급 04과
정착하다	6급 04과
지명	6급 04과
지붕	6급 04과
지속적	6급 04과

새 어휘 및 표현	영 역
짝짓다	6급 04과
차일피일	6급 04과
처마	6급 04과
천연기념물	6급 04과
천혜	6급 04과
청명하다	6급 04과
추녀	6급 04과
축소하다	6급 04과
친분	6급 04과
침략	6급 04과
침엽수림	6급 04과
탐방	6급 04과
텅텅	6급 04과
토지	6급 04과
톡톡하다	6급 04과
포구	6급 04과
풍부하다	6급 04과
한눈에 들어오다	6급 04과
해전	6급 04과
행선지	6급 04과
향수	6급 04과
허기지다	6급 04과
헤아리다	6급 04과
현존하다	6급 04과
현지	6급 04과
활력	6급 04과
황금	6급 04과
휴양지	6급 04과
흔하다	6급 04과
희로애락	6급 04과
같은 값이면 다홍치마이다	6급 05과

새 어휘 및 표현	영 역
개같이 벌어서 정승같이 써라	6급 05과
경품	6급 05과
경향	6급 05과
고충	6급 05과
곡선	6급 05과
공급	6급 05과
구두쇠	6급 05과
국한되다	6급 05과
그래프	6급 05과
금상첨화	6급 05과
김장철	6급 05과
낮추다	6급 05과
내세우다	6급 05과
능가하다	6급 05과
대중매체	6급 05과
대출금	6급 05과
덮밥	6급 05과
데다	6급 05과
돈은 앉아서 주고 서서 받는다	6급 05과
두 마리 토끼를 잡다	6급 05과
마일리지	6급 05과
마주하다	6급 05과
마케팅	6급 05과
명품	6급 05과
무리하다	6급 05과
밀봉	6급 05과
밑지는 장사	6급 05과
박리다매	6급 05과
발권	6급 05과
발상	6급 05과
배춧값	6급 05과

새 어휘 및 표현	영 역
범죄자	6급 05과
법칙	6급 05과
부과되다	6급 05과
부랴부랴	6급 05과
불만	6급 05과
불합리	6급 05과
불황	6급 05과
빌빌대다	6급 05과
상환하다	6급 05과
선정되다	6급 05과
소위	6급 05과
속 빈 강정	6급 05과
속내	6급 05과
수요	6급 05과
수지	6급 05과
시초	6급 05과
실직	6급 05과
쌀독에서 인심 난다	6급 05과
쌈짓돈이 주머닛돈	6급 05과
알아차리다	6급 05과
애쓰다	6급 05과
액수	6급 05과
역임하다	6급 05과
연금제	6급 05과
연기력	6급 05과
온수	6급 05과
외상이면 소도 잡아먹는다	6급 05과
운영하다	6급 05과
위력	6급 05과
유난스럽다	6급 05과
유난하다	6급 05과

새 어휘 및 표현	영 역
인지도	6급 05과
일확천금	6급 05과
자린고비	6급 05과
작가	6급 05과
잠재력	6급 05과
장비	6급 05과
장사	6급 05과
저항감	6급 05과
저항감	6급 05과
적용되다	6급 05과
전단(지)	6급 05과
전략	6급 05과
절반	6급 05과
정수기	6급 05과
제안서	6급 05과
제휴	6급 05과
증대	6급 05과
지독하다	6급 05과
지속	6급 05과
지향성	6급 05과
짚다	6급 05과
채택되다	6급 05과
책정하다	6급 05과
천정부지	6급 05과
최우선	6급 05과
추후	6급 05과
침체	6급 05과
토로하다	6급 05과
퍼지다	6급 05과
표본	6급 05과
한밑천 잡다	6급 05과

새 어휘 및 표현	영 역
한솥밥을 먹다	6급 05과
할부금	6급 05과
해지하다	6급 05과
해치우다	6급 05과
허리띠를 졸라매다	6급 05과
현행	6급 05과
환원	6급 05과
흑미	6급 05과
가늠하다	6급 06과
가부장적	6급 06과
가사	6급 06과
가세하다	6급 06과
가지 많은 나무에 바람 잘 날 없다	6급 06과
가화만사성	6급 06과
각인되다	6급 06과
간섭	6급 06과
강경하다	6급 06과
강인하다	6급 06과
걸음걸이	6급 06과
고령화	6급 06과
고물상	6급 06과
고소	6급 06과
고슴도치도 제 새끼는 함함하다고 한다	6급 06과
고철	6급 06과
곧잘	6급 06과
관리비	6급 06과
금지옥엽	6급 06과
기어이	6급 06과
기피하다	6급 06과
기피하다	6급 06과
기필코	6급 06과

새 어휘 및 표현	영 역
나름	6급 06과
날벼락	6급 06과
남발하다	6급 06과
남성	6급 06과
내조	6급 06과
논쟁	6급 06과
다산	6급 06과
닥치다	6급 06과
도맡다	6급 06과
독신	6급 06과
동거하다	6급 06과
뒤엉키다	6급 06과
들뜨다	6급 06과
뜸하다	6급 06과
막내	6급 06과
만혼	6급 06과
멈추다	6급 06과
모면하다	6급 06과
무소식이 희소식	6급 06과
변천사	6급 06과
보편적	6급 06과
본격적	6급 06과
부전자전	6급 06과
분배	6급 06과
불임	6급 06과
빈곤	6급 06과
서럽다	6급 06과
서술하다	6급 06과
성비	6급 06과
소강	6급 06과
소꿉놀이	6급 06과

새 어휘 및 표현	영 역
술술	6급 06과
시달리다	6급 06과
시댁	6급 06과
시집가다	6급 06과
신형	6급 06과
쏟아지다	6급 06과
안중	6급 06과
앞두다	6급 06과
애틋하다	6급 06과
야속하다	6급 06과
억제	6급 06과
역력하다	6급 06과
연장자	6급 06과
열 손가락 깨물어서 안 아픈 손가락 없다	6급 06과
오죽하다	6급 06과
원고지	6급 06과
유독	6급 06과
육아	6급 06과
인구	6급 06과
인내	6급 06과
인물	6급 06과
인습	6급 06과
인종	6급 06과
일깨우다	6급 06과
임신중절수술	6급 06과
재치	6급 06과
저물다	6급 06과
저출산	6급 06과
적장	6급 06과
조손가정	6급 06과
주먹다짐	6급 06과

새 어휘 및 표현	영 역
짚신도 제짝이 있다	6급 06과
천재	6급 06과
철없다	6급 06과
첩첩산중	6급 06과
청취자	6급 06과
총알	6급 06과
출산율	6급 06과
충실하다	6급 06과
쾅쾅	6급 06과
터주다	6급 06과
파고들다	6급 06과
파벌	6급 06과
폐지하다	6급 06과
표어	6급 06과
풍자하다	6급 06과
피는 물보다 진하다	6급 06과
피임	6급 06과
하굣길	6급 06과
하락되다	6급 06과
한심하다	6급 06과
합법화	6급 06과
해체되다	6급 06과
핵가족	6급 06과
험담	6급 06과
현관문	6급 06과
현모양처	6급 06과
형만 한 아우 없다	6급 06과
형태	6급 06과
홀리다	6급 06과
효자	6급 06과
가정교육	6급 07과

새 어휘 및 표현	영 역
거부감	6급 07과
경청	6급 07과
고성	6급 07과
고시	6급 07과
고액	6급 07과
공교육	6급 07과
공붓벌레	6급 07과
관철되다	6급 07과
괄목상대	6급 07과
교육열	6급 07과
내재화	6급 07과
다방면	6급 07과
단서	6급 07과
단행본	6급 07과
도출하다	6급 07과
동기부여	6급 07과
뚜렷하다	6급 07과
망치다	6급 07과
맞대다	6급 07과
명실상부	6급 07과
무심코	6급 07과
무질서	6급 07과
미진하다	6급 07과
발달시키다	6급 07과
발언	6급 07과
발화자	6급 07과
방과	6급 07과
백년대계	6급 07과
벼 이삭은 익을수록 고개를 숙인다	6급 07과
보완점	6급 07과
보충수업	6급 07과

새 어휘 및 표현	영 역
부응하다	6급 07과
비생산성	6급 07과
비언어적	6급 07과
사교육	6급 07과
산물	6급 07과
서당 개 삼 년에 풍월을 읊는다	6급 07과
석학	6급 07과
성취	6급 07과
숙련되다	6급 07과
시사	6급 07과
심통	6급 07과
암기식	6급 07과
연로하다	6급 07과
열 번 찍어 안 넘어가는 나무 없다	6급 07과
열의	6급 07과
예의범절	6급 07과
완쾌하다	6급 07과
유도하다	6급 07과
유머	6급 07과
인격	6급 07과
인성	6급 07과
임의	6급 07과
입시	6급 07과
입증하다	6급 07과
자산	6급 07과
잣대	6급 07과
재기	6급 07과
조율하다	6급 07과
조화롭다	6급 07과
좌담회	6급 07과
주경야독	6급 07과

새 어휘 및 표현	영 역
주목하다	6급 07과
증진하다	6급 07과
직업기술	6급 07과
진수	6급 07과
진지하다	6급 07과
차도	6급 07과
참석자	6급 07과
창의력	6급 07과
청출어람	6급 07과
체득하다	6급 07과
초록	6급 07과
출판물	6급 07과
충돌하다	6급 07과
치열하다	6급 07과
탐구하다	6급 07과
탐색하다	6급 07과
터득하다	6급 07과
텍스트	6급 07과
학구열	6급 07과
학력	6급 07과
학제	6급 07과
한 우물을 파다	6급 07과
합의점	6급 07과
형성하다	6급 07과
혼란	6급 07과
가르다	6급 08과
가해자	6급 08과
각도	6급 08과
개최하다	6급 08과
격화되다	6급 08과
결의하다	6급 08과

새 어휘 및 표현	영 역
경보음	6급 08과
공권력	6급 08과
관람하다	6급 08과
광복	6급 08과
군사	6급 08과
굳세다	6급 08과
굵직하다	6급 08과
규정하다	6급 08과
그리다	6급 08과
눈시울	6급 08과
단독	6급 08과
단위	6급 08과
대비되다	6급 08과
독재	6급 08과
동시대	6급 08과
들썩이다	6급 08과
등을 돌리다	6급 08과
맞이하다	6급 08과
명분	6급 08과
무대	6급 08과
무장	6급 08과
민족	6급 08과
반영하다	6급 08과
발길을 돌리다	6급 08과
방위	6급 08과
배출하다	6급 08과
번영	6급 08과
부채	6급 08과
분단되다	6급 08과
분할	6급 08과
비극	6급 08과

새 어휘 및 표현	영 역
비장하다	6급 08과
사회주의	6급 08과
상봉	6급 08과
새벽	6급 08과
생사	6급 08과
선거	6급 08과
손꼽아 기다리다	6급 08과
손에 손을 잡다	6급 08과
수립	6급 08과
수상	6급 08과
신탁통치	6급 08과
실감나다	6급 08과
실권	6급 08과
실향민	6급 08과
아비규환	6급 08과
알뜰살뜰	6급 08과
애타다	6급 08과
야간	6급 08과
억압	6급 08과
얼싸안다	6급 08과
엎친 데 덮치다	6급 08과
연안	6급 08과
이념	6급 08과
장악하다	6급 08과
재조명되다	6급 08과
전개하다	6급 08과
전무후무	6급 08과
전화위복	6급 08과
점령하다	6급 08과
정세	6급 08과
제의	6급 08과

새 어휘 및 표현	영 역
조국	6급 08과
조마조마하다	6급 08과
종결	6급 08과
주술적	6급 08과
지도자	6급 08과
지새우다	6급 08과
진주하다	6급 08과
진출하다	6급 08과
체감하다	6급 08과
체결하다	6급 08과
초가집	6급 08과
추진하다	6급 08과
치안	6급 08과
침략자	6급 08과
침범하다	6급 08과
파병	6급 08과
평화로움	6급 08과
피난	6급 08과
피난민	6급 08과
한반도	6급 08과
한창	6급 08과
함락되다	6급 08과
해방감	6급 08과
해제	6급 08과
행정	6급 08과
허술하다	6급 08과
협상	6급 08과
회담	6급 08과
후퇴하다	6급 08과
휘날리다	6급 08과
희망차다	6급 08과

참고 문헌 및 자료 출처

1과 들어가기 _자크 루이 다비드 <소크라테스의 죽음>

1과 듣고 말하기1 _ 부정부패 방지, 양심과 욕심, 김대원, 한국방송광고진흥공사, 2012

1과 듣고 말하기2 _ 셸리 케이건, 죽음이란 무엇인가?, 박세연 역, 엘도라도. 2012

2과 들어가기 사진 _ 일회용 나무, 공익광고제 일반부 은상, 공익광고협의회, 2010

_ 비워야 피어나는 녹색 에너지. 공익광고제 학생부 동상, 공익광고협의회,2010

_ 돌아오지 않습니다, 공익광고제 학생부 동상, 공익광고협의회,2012

_ 타면 탈수록 살아납니다, 공익광고협의회, 2001

2과 읽고 말하기 _ 지구 살리기, 미래숲, www.futureforest.org

2과 듣고 말하기2 _ 난지도 역사, 월드컵 공원, worldcuppark.seoul.go.kr

3과 듣고 말하기2 _ 때려야 뗄 수 없는 풍습 제사, 최준식, 네이버 캐스트, 2010

3과 문화 산책 _ 사진으로 배우는 관혼상제, 권영한, 전원문화사, 1998

4과 문화 산책 _ 불타는 석모도의 '하늘'과 '바다', 박상건 기자, 오마이뉴스, 2005.12.09 일부내용 발췌 및 수정

5과 읽고 말하기 _ 마케팅 불변의 법칙, 알 리스, 잭 트라우스, 이수정 역, 비즈니스맵, 2008

_ 빅머니, 머니투데이, 44회 방송분

6과 들어가기 _ 2012~2035 장래가구추계(온라인 간행물), 통계청, 2012(그래프)

6과 읽고 말하기 _ 광안리의 추억, 이민정, 일부 내용 발췌 및 수정

6과 통합 활동 _ 제3차 저출산 인식 설문조사 결과보고서, 인구보건복지협회, 2013(그래프)

6과 문화 산책 _ 인구정책, 기록정보 콘텐츠, 국가기록원. www.archives.go.kr

_ 대한민국 인구정책~! 역사는 흐른다, 보건복지부 캠페인 블로그 일부 내용 발췌 및 수정

7과 듣고 말하기2 _ 꼴찌도 행복한 교실, 박성숙, 21세기북스, 2010

_ 공부하는 인간, KBS 공부하는 인간 제작팀, 예담, 2013

7과 문화 산책 _ 유머를 활용한 한국어교육 방안, 최권진, 한국어문학연구, 62, 2014

8과 듣고 말하기1 _ 새마을 노래, 박정희 작사 작곡, 새마을운동 중앙회, www.saemaul.com

8과 읽고 말하기 _ 한국의 역사, 류재택 외, 교육인적자원부, 2004

새인하한국어6

2014년 09월 01일 인쇄
2014년 09월 10일 발행
저 자 : 최권진, 남은영, 오솔샘, 정경화
발행처 : 인하대학교 출판부
주 소 : 인천광역시 남구 인하로 100
전 화 : 032) 860-8301
등 록 : 1979년 5월 23일 남구 제13호

인쇄·편집 : 진원디자인프린텍 TEL : 032)467-4544~5

ISBN : 978-89-7407-966-6
978-89-7407-961-1(세트)
정 가 : 27,000원